Colm

Rome 2004

6
Dylan Thomas
Poesie

Poeti del nostro tempo

Dylan Thomas

POESIE

A cura di
ROBERTO SANESI

Testo a fronte

TEA - Tascabili degli Editori Associati S.p.A.
Corso Italia, 13 - 20122 Milano

Le traduzioni delle seguenti poesie:
The force that through the green fuse,
Especially when the October wind, Ears in the turrets hear,
The hand that signed the paper, Altarwise by owl-light,
A refusal to mourn the death, by fire, of a child in London,
Vision and prayer, Ballad of the long-legged bait,
Fern hill, Over Sir John's hill,
In the white giant's thigh
sono pubblicate su licenza
della Ugo Guanda Editore S.p.A., Parma

Prima edizione TEA gennaio 1996

Stampa: Tipolitografia G. Canale & C. S.p.A., Borgaro T.se (Torino)

Ristampe: 12 11 10 9   8   7   6   5
            2004 2003 2002 2001

Introduzione

Dylan Thomas è stato l'ultimo grande visionario della poesia inglese di questo secolo. Con tratti decisamente romantici, che non escludono la parodia, e alla maniera di Blake per ciò che riguarda un certo radicalismo degli impulsi emotivi e il primato dell'immaginario, tentò una rappresentazione nitida di tutte le complessità, verso una semplificazione lirica intrisa di tenerezza, di nostalgia per l'innocenza infantile perduta. Innamorato della bellezza del mondo, fu «oscuro» per eccesso di partecipazione alle intricate immagini metamorfiche della natura, e per quanto non insensibile alle suggestioni che gli potevano arrivare trasversalmente dal Surrealismo, mai incline all'informe, anzi tecnicamente rigorosissimo. Il suo metodo è analogico, veloce, procede per sequenze, stacchi, dissolvenze, fotogrammi: ogni sua «descrizione» *segue* il processo del pensiero, è una registrazione continuamente in atto. In modo tutt'altro che contraddittorio, la sua aspirazione ultima era una rappresentazione di limpida simultaneità pànica, e il mezzo privilegiato, nella scrittura, l'energia evocativa della voce. «A una luce che canta mi affatico ... su questa spruzzaglia di pagine.» Spesso, leggendo, la sensazione è che la chiarezza sia una diretta emanazione dell'ombra, una sua «dizione». «La poesia», scrisse nel 1934, «può penetrare la chiara nudità della luce più di quanto non lo possano le intime cause scoperte da Freud», ed è curioso cogliere in questa affermazione giovanile (in un momento d'espressività particolarmente turbata) una sostituzione della luce, o si dovrebbe dire della semplicità, all'insondabile groviglio dell'inconscio. Il luogo complesso e riverberante che le prime poesie si sforzano di indagare è l'infanzia. L'anno precedente, nel testo che porta il n. 39, il poeta aveva già definito una sua poetica proprio su questa aspirazione a rappresentare la totalità per contrasto e superamento. E d'altra parte, in una lettera del 13 maggio 1934, era stato esplicito: « Scrivo nel solo modo in cui so scrivere, e il mio lavoro deformato, screditato, rinchiuso in un piccolo spazio, non è il risultato di una teorizzazione, ma della pura incapacità di scrivere le mie inutili tortuosità in qualsiasi altro modo ». Cose del genere avrebbero potuto scrivere i poeti della cosiddetta « scuola di Donne », se fossero stati costretti a giustificarsi. E anche l'impeto esaltante e drammatico dell'eros, che muove soprattutto la poesia giovanile, denuncia lo stesso estatico inabissamento nel sacro della poesia « metafisica ».

Insopportabile istrione per chi stava preparando, verso gli anni Cinquanta, una stagione di poesia a voce bassa, « quotidiana », fondata e perfino umiliata su un equivoco di denuncia sociale; poeta troppo istintivo per gli ultimi « modernisti »; ma impareggiabile fonte di sortilegi linguistici per chi aveva intuito nei suoi versi a volte gridati lo scontro irrimediabile del troppo amore e della disperazione dell'essere, Dylan Thomas aveva finito col fare di sé un eccentrico, e con l'adeguare la vita alla leggenda.

Perfino sulle circostanze della sua morte rimangono incertezze. La versione ufficiale sostiene che il poeta, ricoverato in ospedale a New York, sia riuscito chissà come a ottenere una bottiglia di whisky e a scolarsela fino all'ultima goccia. Più tardi si disse, con riferimento a documenti fino allora non resi pubblici, che la causa della morte era stata un'iniezione di morfina praticatagli da un medico per alleviarne le sofferenze. Meno suggestiva del delirium tremens, per un alcoolizzato che aveva dato spettacolo di sé (non importa se in un *pub* o in occasioni ufficiali) con un patetico senso del grottesco, la versione corretta non ha mai ricevuto grande attenzione. Malgrado la tesi sia stata ogni tanto riproposta (come nel dramma *Dylan*, 1978, di Paul Ferris), la leggenda ha avuto il sopravvento. Anche le scarse documentazioni del suo non troppo felice passaggio in Italia non si discostano dal *cliché* del poeta ubriaco; e Papini, per esempio, riuscì solo a qualificare la sua poesia come « segatura ». Non a caso, con quella specie di deformità permanente che la leggenda impone perfino alla morte, lo sguardo della critica attorno all'opera di Dylan Thomas è come rimasto allucinato sull'ultima immagine predisposta: quella del poeta « maledetto », morto precocemente quasi per necessità di coerenza con un personaggio che si era andato consumando come il ritratto di Dorian Gray. Pallido e biondo come un cherubino nell'immagine che ci ha lasciato il pittore Augustus John; gonfio, sfatto e ghignante in alcuni autoritratti, bottiglia in mano, che il poeta si compiaceva di regalare a qualche occasionale compagno di *pub*. Le traduzioni italiane precedenti la morte del poeta e sparse in riviste testimoniano di una sicura stima, ma un più distaccato e consapevole atteggiamento critico, salvo casi rari, lo si avrà in Italia più tardi. E in Inghilterra, dove a lungo la sua poesia sembra essere rimasta un oggetto di culto per pochi, una ripresa di attenzione nei suoi confronti è relativamente recente e ancora timida.

Nel tono oracolare della sua poesia, che attiene alla tradizione orale gallese, fino dai *18 Poems* del 1934 (e si veda come già si mostrino con prepotenza le metafore dell'identificazione fra corpo umano e corpo della natura), si percepisce lo sforzo di afferrare in termini fisici, traducendo il movimento apprensivo e descrittivo del pensiero in un processo organico, quell'intricato « paesaggio » di dolcezze e di terrori inspiegabili, fra innocenza ed esperienza, che è quello del Galles e quello della condizione infantile, o « primitiva », dell'uomo. In un libero abbandono a immagini di straziata sublimità e di felice stupefazione, Thomas coinvolge nello stesso enigma l'energia dell'eros e la sacralità della nascita e della morte. *Prima che io bussassi* racconta un'incarnazione, è un rito di passaggio: da « Per quanto ancora non nato », « Per quanto ancora incompiuto provai sofferenza », fino al raccordo che si istituisce fra « Io nato di carne e di spettro ... soltanto fantasma mortale » e l'allusione conclusiva a « Colui / Che prese come armatura la mia carne e l'ossa ». La poesia è una preparazione al più esplicito gioco di comparazioni de *La forza che attraverso il verde càlamo sospinge il fiore*, e per le ambiguità di *fuse* (anche « miccia ») e di *drives* (che lascia intendere un « far esplodere ») un fondamento per la comprensione di *Dove non splende sole luce penetra*, che fu letta come metafora di un orgasmo maschile e non pretendeva di essere altro (secondo una dichiarazione del poeta) che « un'immagine metafisica di pioggia e dolore ».

Sembrava una poesia impulsiva, e però spiegabile, anche per le tante concordanze con Hopkins (a parte, come è ovvio, la profondamente diversa impronta religiosa), con i due aspetti fondamentali che erano stati segnalati da A.R. Williams: « un'appassionata emozione che sembra tentare di esprimere tutte le sue parole in una », e « un appassionato intelletto che si sforza ad un tempo di scoprire e di spiegare tanto la singolarità quanto la divisione dell'universo accettato ». Dunque una poesia arrovellata, conflittuale, ma linguisticamente limpida perfino nei momenti di più decisa stratificazione, di un'abilità vertiginosa nell'accuratezza quasi ossessiva dei riverberi fonici, indecifrabile solo per l'assillo costante di rintracciare segrete relazioni fra i congegni oscuri della psiche e quelli non meno misteriosi di una natura che mostrava al poeta, in ogni sua felice metamorfosi, l'orrore del suo destino funebre. Dal punto di vista delle immagini, non a caso desunte dai molteplici intrichi di un mondo vegetale mitizzato, una poesia che ricorda tante risoluzioni pittoriche di Graham Sutherland, sebbene sia stato Ceri Richards a rintracciarne in modo intenso e convincente anche gli aspetti più teneri e favolistici.

Perché quella di Thomas è anche una poesia di pietà. Per il mondo e per se stesso, ma solo nel momento in cui, sciogliendosi liricamente, la nostalgia avrà il sopravvento sull'urgenza dell'indagine, sulla sua necessità. E allora, però, per quanto non si perda il potere incantatorio della voce, non sarà forse più possibile sostenere ciò che Thomas aveva affermato in un primo tempo, e cioè che « la poesia dovrebbe agire dalle parole, dalla sostanza delle parole e dal ritmo delle parole sostanziali uniti insieme, non *verso* le parole ».

I primi segnali di una distensione, non tanto o soltanto per una maggiore compostezza narrativa (che non significa ancora chiarezza se si considera come il turbine metaforico che la distingue attraverserà la poesia di Thomas fino alle ultime prove), cominciano ad apparire, cautamente, sia in *Twenty-five Poems* (1936) sia in *The Map of Love* (1939). Ma a testi aperti, di dizione assai meno nervosa, come *Questo pane che spezzo*, con la sua allusione a una consustanzialità eucaristica, o *La mano che firmò il trattato*, si alternano per esempio gli ardui sonetti di *Come un altare in luce di civetta*, il momento più fitto, stratificato ed elusivo della sofferta compresenza di vita e morte, Cristo e qualsiasi altro essere vivente (il Jack Christ del sonetto VIII), degradazione della carne in uno stato di colpa non ancora *felix* ed esaltazione della funzione vitalistica dell'eros. Come notava Francesco Binni in un saggio del 1973, « l'utilizzazione che Thomas fa del mito cristiano è unicamente in funzione della sua rilevanza di esempio saliente del ciclo naturale, e di fatto l'iconografia cristiana che domina l'intera poesia non fa che drammatizzare la dialettica della natura ». Thomas, d'altra parte, non ha mai rinunciato, istintivamente, fra attrazione e paura, a uno sprofondamento in quel magma di natura e psiche che rende a volte i suoi testi, soprattutto i primi, qualcosa di simile a un'allucinazione, o perfino a un prepotente ritorno del rimosso. Più tardi, a partire da *Deaths and Entrances* (1946), ogni inquietudine si farà elegiaca, ma anche se alcune delle poesie del tempo di guerra, sempre fra roghi sacrificali e riti di riapparizione e redenzione, indicano un superamento dell'ossessiva vena introspettiva della fase iniziale, non per questo si placano certe tentazioni « sperimentali » (*Visione e preghiera* è impostata sulla tradizione della poesia figurata greca e del « metafisico » George Herbert) o le rapsodiche furie visionarie, come nella *Ballata dell'esca dalle gambe lunghe*, dove si può intravedere un ricordo incrociato di Melville e Rimbaud.

A me pare che l'aspetto più caratterizzante e forse più duraturo della poesia di Thomas, malgrado le tortuose asperità espressive, risieda proprio in quei testi dove si rivela più forte la qualità magico-evocativa della sensibilità celtica (la stessa, per esempio, del bardo Taliesin), quando il poeta è come costretto a scavare nel groppo inestricabile della lingua in quanto unità di suono immagine e senso per afferrare, non per « definire », i momenti transitori di un principio formativo inesausto. Il metodo è noto: « Spesso lascio che un'immagine 'si produca' in me emozionalmente, e quindi applico ad essa quanto posseggo di forza critica e intellettuale –, lascio che questa immagine contraddica la prima, già sorta, e che una terza immagine generi dalle altre due insieme una quarta immagine contraddittoria, e lascio quindi che tutte restino in conflitto entro i limiti formali da me imposti ... Dall'inevitabile conflitto delle immagini – inevitabile perché appartenente alla natura creativa, ricreativa, distruttrice e contraddittoria del centro motivante, cioè del centro della lotta – cerco di pervenire a quella pace momentanea che è una poesia... » È insomma da questo aspetto agonistico della scrittura che emergono, momentanei e simultanei, i suoi significati più autentici.

Certo Dylan Thomas aveva appreso molto da Hopkins per costruire certe funambolesche articolazioni linguistiche, ma questo non sta a significare che ne condividesse, per quanto ansioso di fronte alla natura intesa come fuoco eracliteo, la fede religiosa. La sua percezione del mondo (fra « sermone del sangue » e « sagra della preghiera ») era precristiana, religiosa nella misura in cui mentre intuiva e subiva l'insulto della morte l'esorcizzava attraverso l'elogio della nascita, del principio di tutte le cose, della loro straordinaria molteplicità sempre rinnovata. L'impressione di incoerenza, di forzata aggregazione di oggetti in apparenza estranei l'uno all'altro, è provocata più da una serie di spinte emotive e immaginative intrecciate che da qualcosa che si possa definire somigliante a un metodo più o meno arbitrario di *collage*: « nelle mie intenzioni ogni verso che scrivo dev'essere capito »; ma questo non sottintende necessariamente una consequenzialità di tipo logico-narrativo. Ancora una volta si dovrà dire che il processo formativo di un testo di Thomas è molto più simile a quello della poesia « metafisica » che a quello surrealista.

Il suo « bosco sacro », come la selva originaria di Vico, era popolato di presenze non pacifiche, non innocenti, semplicemente naturali; e non stupisce che vi si addentrasse (anche lui « senza alcun timore di dèi, di padri, di maestri, il qual assidera il più rigoglioso dell'età fanciullesca ») sciogliendo e riannodando ogni indizio con la meticolosa testardaggine di un detective; amando, come amava, e non senza ironia, il romanzo « gotico » e quello poliziesco, sui quali a volte sembra innestare un tipo di indagine psicanalitica.

Quella sua convinzione di poter penetrare « la chiara nudità della luce », che si era manifestata come abbandono a un magma del quale il testo tratteneva « oscuramente » i residui in un gioco affascinante di addensamenti e disseminazioni, si è in genere ritenuto che Thomas fosse stato finalmente capace di soddisfarla con le poesie ultime. Quelle, in particolare, suggerite dall'aperto paesaggio osservato dalla sua casa « alta sui trampoli »: *Il colle delle felci*, *Sulla collina di Sir John*; ma anche in questo caso l'ansia celebrativa travolge in immagine-suono l'eventuale progetto descrittivo, trasformando ogni apparizione in pura vocalità elegiaca. L'inesausto flusso emotivo di rappresentazione non cancella gli oggetti nominati ma li coinvolge in un sommovimento per il quale il luogo (anche l'infanzia diventa luogo) è dato per bagliori, vorticosamente metamorfico, e l'io narrante vi si sprofonda in una specie di regressione all'origine. Perché davvero non si tratta, neppure dal vivo, *sur le motif*, di una poesia d'esperienza (lo è assai di più quella delle sovraeccitate ambiguità iniziali), ma d'innocenza: e però solo rammemorata, vagheggiata, appena intravista, essendo ormai più pressante l'affanno di recuperarla che la felicità di comparteciparla con tutto ciò che lo circonda. Tanto che questa compartecipazione, là dove se ne coglie una verità così fisica da essere straziante, comporta infatti ancora una consapevolezza di morte. Nello sprofondamento vitalità e consumazione coincidono, e infatti il finale di *Sulla collina di Sir John* è un'iscrizione funebre, una lapide. Mentre una poesia dedicata al padre (*Do not go gentle into that good night*, qui non inclusa) è una dichiarazione di inaccettabilità, una furiosa ribellione al «morire della luce», e non a caso Stravinskij la scelse per comporre il suo *In Memoriam Dylan Thomas*.

Anche ammettendo che nelle ultime poesie, in modo forse inatteso, lo spazio si dilati a una visione più limpida, in questa percezione della «sublimità» dell'esistere persiste un terrore dell'inabissamento. Ciò che si scioglie non è, qui, il nodo angoscioso di vita-morte con cui si manifesta la natura, ma il nodo espressivo: in un'organizzazione musicale che va dal marcato alla fuga *per canonem* all'elegia. È solo con la narrazione di un rito di passaggio, con l'evocazione di un ritorno necessario e possibile, nella luce lunare che pervade *Nella coscia del gigante bianco*, nella danza iniziatica attorno a un falò del tutto simile, per significato, a quello dell'*East Coker* di Eliot, che si avvertono segni di pacificata sottomissione al tremendo e gioioso fluire delle cose. Con la voce delle donne che «dispensano amore eternamente meridiano», si potrebbe dire che questa metafora della rinascita, e perciò metafora dell'atto creativo, dopo tante «crudezze, dubbi, e confusioni», è una conferma che «morte non avrà dominio».

Roberto Sanesi

Novembre 1994

Nota del curatore

Nell'ottantesimo anniversario della nascita di Dylan Thomas, e a quarant'anni dalla prima edizione della raccolta da me curata, devo ricordare con affetto e riconoscenza Ugo Guanda, che nel 1951 mi affidò spericolatamente il compito di risolvere una serie di problemi di traduzione tutt'altro che semplici; e devo ringraziare ancora una volta Giulio Einaudi, che ne consentì la pubblicazione. Per questa nuova edizione nella collana di poesia della TEA, e come già avvenuto in occasione di ristampe intermedie, mi sono attenuto all'impostazione critica dell'edizione Guanda originaria, ma aggiungendo alcuni testi mai tradotti prima in Italia. Quanto alle traduzioni, in parte sono state rivedute. Non c'è testo poetico infatti, e quelli di Thomas in modo particolare per complessità linguistica, ricchezza di allusioni tematiche e riverberi fonici di forte incidenza sul senso, che non consenta o perfino pretenda « esecuzioni » mutevoli. Per ragioni editoriali, la prefazione del novembre 1953 è stata sostituita con una Introduzione che, pur nella sua brevità, mi auguro sufficiente a introdurre il lettore nei grovigli di una poesia incandescente e vitalistica malgrado le sue ambigue asperità espressive. « Queste poesie », aveva scritto Thomas, « con tutte le loro crudezze, dubbi e confusioni, sono scritte per amore dell'Uomo e in lode a Dio, e se non fosse così sarei un maledetto pazzo. »

R.S.

Nota biografica

Dylan Marlais Thomas nasce a Swansea, Galles del Sud, il 27 ottobre del 1914, e viene educato alla Swansea Grammar School, dove il padre è « Senior English Master ». Nel complesso, la sua formazione ha carattere autodidattico. Come affermava il « Times » del 10 novembre 1953, all'età di dodici anni il poeta stupiva già parenti e amici con composizioni che parevano non mostrare alcun rapporto con la tradizione inglese. Ancora giovanissimo, collabora con articoli letterari e teatrali, nonché come cronista, ad alcuni giornali locali come l'« Herald of Wales« e il « South Wales Evening Post ». Nel 1934 ottiene il premio della « Sunday Referee », che gli pubblica *18 Poems*. Nel 1937 sposa un'umile ragazza irlandese, Caitlin MacNamara, e si trasferisce a Laugharne nell'ormai famosa Boat House. Allo scoppio della Seconda guerra mondiale, riformato dal servizio militare, a Londra comincia a lavorare come sceneggiatore di documentari per la Strand Films. È da questa esperienza che nasceranno i suoi soggetti cinematografici. La sua collaborazione al Terzo Programma radiofonico della BBC si fa sempre più intensa. Nel 1947 trascorre l'estate all'Isola d'Elba ospite dell'amico critico e poeta Luigi Berti. Incontra a Firenze diversi esponenti della cultura cittadina, e ne trae un'impressione sfavorevole. Ciò non toglie che le prime traduzioni italiane provengano proprio dall'area fiorentina (Piero Bigongiari, per esempio, e la rivista « Inventario »), per non dire della stima che gli fu dimostrata dalla rivista « Botteghe oscure » che si pubblicava a Roma. Nel 1950 è invitato per la prima volta negli Stati Uniti per un giro di conferenze e di letture poetiche, e vi ritorna l'anno successivo. È di nuovo a New York nel 1953, anche per discutere con Igor Stravinskij la stesura di un libretto d'opera, ma è ricoverato d'urgenza al St. Vincent's Hospital, dove il 9 novembre muore di delirium tremens. Gli viene assegnato il Premio Internazionale di Poesia « Etna-Taormina » 1953. Nel 1954 *Under Milk Wood* vince il Premio Italia per un testo radiofonico.

Nota bibliografica

Opere di Dylan Thomas in lingua inglese

18 Poems, The Sunday Referee & The Parton Bookshop, London, 1934 (seconda edizione, The Fortune Press, London, 1934).

Twenty-five Poems, J.M. Dent & Sons, London, 1936.

The Map of Love, J.M. Dent & Sons, London, 1939.

The World I Breathe, New Directions, Norfolk, Conn., 1939.

Portrait of the Artist as a Young Dog, J.M. Dent & Sons, London, 1940, e New Directions, Norfolk, Conn., 1940.

From In Memory of Ann Jones, Caseg Broadsheet n. 5, The Caseg Press, Llanllechid, Caernarvonshire, 1942.

New Poems, New Directions, Norfolk, Conn., 1943.

Deaths and Entrances, J.M. Dent & Sons, London, 1946.

Selected Writings, with an Introduction by J. Sweeney, New Directions, Norfolk, Conn., 1946.

Twenty-Six Poems, J.M. Dent & Sons, London, 1950.

In Country Sleep, New Directions, Norfolk, Conn., 1952.

Collected Poems 1934-1952, J.M. Dent & Sons, London, 1952, e New Directions, Norfolk, Conn., 1952.

The Doctor and the Devils, J.M. Dent & Sons, London, 1952, e New Directions, Norfolk, Conn., 1953.

Under Milk Wood, J.M. Dent & Sons, London, 1952, e New Directions, Norfolk, Conn., 1954.

Quite Early One Morning, J.M. Dent & Sons, London, 1952, e New Directions, Norfolk, Conn., 1954.

Conversation About Christmas, New Directions, Norfolk, Conn., 1954.

Adventures in the Skin Trade and Other Stories, A New Directions Book, New York, 1955.

A Prospect of the Sea, J.M. Dent & Sons, London, 1955.

A Child's Christmas in Wales, New Directions, Norfolk, Conn., 1955.

Letters to Vernon Watkins, J.M. Dent & Sons, London, 1957.

Under Milk Wood (Acting Edition), J.M. Dent & Sons, London, 1958.

Dylan Thomas's Choice: An Anthology of Verse Spoken by Dylan Thomas, edited by R. Maud and A. Davies, J.M. Dent & Sons, London, 1963. (Non contiene testi di Thomas, e tuttavia può essere considerata una raccolta da lui curata, e perciò criticamente significativa).

The Beach of Falesà, Stein & Day, New York, 1963.

Twenty Years A-Growing, J.M. Dent & Sons, London, 1964.

Me and My Bike, A Triton Book, London, 1965.

Selected Letters, edited by C. Fitzgibbon, J.M. Dent & Sons, London, 1966.

Poet in the Making: The Notebooks of Dylan Thomas, edited by R. Maud, J.M. Dent & Sons, London, 1968.

Two Tales, Sphere Books, London, 1968.

The Poems, edited by D. Jones, J.M. Dent & Sons, London, 1971.

Early Prose Writings, edited by W. Davies, J.M. Dent & Sons, London, 1971.

Lunch at Mussolini's, a cura di R. Sanesi, M'Arte, Milano, 1972.

Holiday Memory, J.M. Dent & Sons, London, 1972.

Opere di Dylan Thomas in edizione italiana

Avventure nel commercio delle pelli. Dopo la fiera. Seguire la gente, prefaz. di V. Watkins, trad. di F. Bossi e D. Musso, Guanda, Parma, 1992.

Dieci poesie, a cura di R. Sanesi, Scheiwiller, Milano, 1994 (ediz. privata fuori commercio).

Il dottore e i diavoli, e altri racconti per il cinema, trad. di F. Bossi, E. Capriolo, Einaudi, Torino, 1974.

Favole di cinema, a cura di J. Omboni, Milanolibri, Milano, 1976.

Lettere a Vernon Watkins, trad. e cura di A. Marianni, Il Saggiatore, Milano, 1968.

Lunch at Mussolini's, a cura di R. Sanesi, M'Arte, Milano, 1972.

Molto presto di mattina, a cura di V. Gentili, trad. di F. Bossi, A. Marianni, Einaudi, Torino, 1964.

Poesie. Testo originale a fronte, introd., trad. e cura di R. Sanesi, Guanda, Parma, 1954 (più volte ristampato con identica introd. e con l'aggiunta di alcune poesie).

Poesie. Testo inglese a fronte, trad. e cura di A. Marianni, Einaudi, Torino, 1965 (poi con introd. di G. Baldini, Mondadori, Milano, 1970).

Poesie giovanili, a cura di R. Sanesi, Edizioni del Triangolo, Milano, 1958.

Poesie inedite, a cura di A. Marianni, Einaudi, Torino, 1980.

Prose e racconti, trad. di L. Rodocanachi, F. Bossi, C. Izzo, A. Fauno, Einaudi, Torino, 1961.

Ritratto dell'autore da cucciolo, trad. di L. Rodocanachi e F. Bossi, Einaudi, Torino, 1976.

Ritratto del poeta attraverso le lettere, a cura di G. Fitzgibbon, trad. di B. Oddera, Einaudi, Torino, 1970.

Ritratto di giovane artista, trad. di L. Rodocanachi, Einaudi, Torino, 1955 (poi Mondadori, Milano, 1960).

Sotto il bosco di latte. Dramma per voci, prefaz. di D. Jones, trad. di C. Izzo, con uno scritto di P. Citati, Guanda, Parma, 1992.

Visione e preghiera, a cura di R. Mussapi, Marcos y Marcos, Milano, 1984.

Singoli testi di Dylan Thomas sono stati tradotti da:

P. Bigongiari, in « Letteratura », I, 5-6, settembre-dicembre 1953.

Id., in « L'approdo », II, 4, ottobre-dicembre 1953.

Id., in *Poesia straniera del Novecento*, Garzanti, Milano, 1958.

N. D'Agostino, in « La fiera letteraria », 9 maggio 1954.

S. Gamberini, in « Poesia e critica », 5, dicembre 1963.

T. Giglio, in « Inventario », II, 1, primavera 1949.

A. Giuliani, in *Il cuore zoppo*, Magenta, Varese, 1955

A. Guidi, in « Letteratura », I, 5-6, settembre-dicembre 1953.

C. Izzo, in *Poesia inglese contemporanea da T. Hardy agli Apocalittici*, Guanda, Parma, 1950.

Id., in « La fiera letteraria », 22 novembre 1953.

Id., in *Poeti del '900 italiani e stranieri*, Einaudi, Torino, 1960.

A. Lambertini, in « Inventario », III, 4, 1951.

E. Montale, in *Quaderno di traduzioni*, La Meridiana, Milano, 1948 (poi Mondadori, Milano, 1975).

R. Orlando, in « Poesia », III-IV, 1946.

C. Parenti, in « Inventario », II, 3, autunno 1949.

A. Rizzardi, in « Corriere dell'Adda », 20 febbraio 1954.

Id., in « La fiera letteraria », 8 agosto 1954.

S. Rosati, in appendice a « Botteghe oscure », 4, 1949.

Id., in appendice a « Botteghe oscure », 6, 1950.

R. Sanesi, in « Giovedì », 24 settembre 1953.

Id., in « Inventario », IV, 3-6, maggio-dicembre 1954.

Id., in « La fiera letteraria », 15 maggio 1955.

Id., in « Inventario », 1-6, 1956.

Id., in « La fiera letteraria », 8 luglio 1956.

Id., in « Cinema nuovo », 120-21, dicembre 1957.

Id., in *Poesia inglese del dopoguerra*, Schwarz, Milano, 1958.

Id., in « L'Europa letteraria », II, 2, marzo 1960.

Id., in *Poeti inglesi del '900*, Bompiani, Milano, 1960 (rist. 1978 e 1991).

Id., in *Dylan Thomas*, Lerici, Milano, 1960 (poi Garzanti, Milano, 1976, e Editori Riuniti, Roma, 1994).
Id., in « L'Europa letteraria », 9-10, giugno-agosto 1961.
Id., in « Il gazzettino », 9 aprile 1963.
Id., in « Poesia e critica », 5, dicembre 1963.

Studi e articoli su Dylan Thomas

Essendo ormai vastissima la mole degli scritti sull'opera di Dylan Thomas, ritengo opportuno, in questa sede, dare notizia solo di alcuni tra i più significativi, con particolare attenzione a quelli in grado di testimoniare la fortuna del poeta nella cultura italiana, mentre per una bibliografia dettagliata rimando il lettore ai pregevoli e accuratissimi lavori di J.A. Rolph, *Dylan Thomas: A Bibliography*, Dent, London, 1956; M. Corona, *Dylan Thomas: bibliografia*, « Poesia e critica », II, 5, 1963; R. Maud, A. Glover, *Dylan Thomas in Print: A Bibliographical History*, Dent, London, 1972.

J. Ackerman, *Dylan Thomas: His Life and Work*, O.U.P., London, 1964.
« Adam », numero speciale dedicato a Thomas, n. 238, London, 1953.
C. Aiken, *Rocking Alphabet*, « Poetry », 56, giugno 1940.
R. Arnheim, in *Poets at Work*, Harcourt, Brace & Co., New York, 1948.
R. Asselineau, *Dylan Thomas*, « Études Anglaises », gennaio 1954.
G.A. Astre, *Un jeune et grand poète anglais*, « Critique », 4, gennaio 1948.
G. Baldini, *Introduzione*, in D. Thomas, *Poesie*, Mondadori, Milano, 1970.
L. Baughan Murdy, *Sound and Sense in Dylan Thomas's Poetry*, London, 1966.

L. Berti, *Dylan in America*, « Inventario », VIII, 1-6, gennaio-dicembre 1956.

Id., *Il poeta maledetto è morto a New York*, « Il tempo », 26 novembre 1953.

Id., *Dylan Thomas e il ciclone del silenzio*, « Milano-sera », 15 dicembre 1953.

P. Bigongiari, *In vita e in morte di Dylan Thomas*, « L'approdo », II, 4, ottobre-dicembre 1953.

F. Binni, *Dylan Thomas*, La Nuova Italia, Firenze, 1973.

J.M. Brinnin, *A Casebook on Dylan Thomas*, Crowell, New York, 1961.

Id., *Dylan Thomas in America*, J.M. Dent & Sons, London, 1956.

G. Cambon, *After the First Death There Is No Other*, « Aut Aut », 18, 1953.

Id., *Due vascelli pazzi*, « La fiera letteraria », 1 febbraio 1953.

Id., *Two Crazy Boats: Thomas and Rimbaud*, « English Miscellany », 7, 1956.

G. Capone, *Il sentimento del tempo nell'opera di Dylan Thomas*, « Convivium », 35, 1964.

M. Colombi-Guidotti, *Dylan Thomas*, « Comunità », VII, 26, agosto 1954.

C. Corman, *Dylan Thomas, Rhetorician in Mid-career*, « Accent », XIII, 1, inverno 1953.

J. Cowper Powys, *Pair Dudeni or The Cauldron of Rebirth*, « Wales », I, 2, giugno 1946.

C.B. Cox (edited by), *Dylan Thomas: A Collection of Critical Essays*, Englewood Cliffs, New York, 1966.

A.T. Davies, *Dylan: Druid of the Broken Body*, Dent, London, 1964.

W. Davies, *Dylan Thomas: New Critical Essays*, London, 1972.

« Dock Leaves », London, primavera 1954 (numero speciale dedicato a Thomas).

L. Durrell, *The Shades of Dylan Thomas*, 1957 (senza altre indicazioni, rist. in francese in D. Thomas, *Œuvres*, Seuil, Paris, 1970).

C. Emery, *The World of Dylan Thomas*, University of Miami Press, 1962.

W. Empson, *A Refusal to Mourn*, « Strand », London, marzo 1947.

G. Firmage, O. Williams, *A Garland for Dylan Thomas*, New York, 1963.

C. Fitzgibbon, *The Life of Dylan Thomas*, Dent, London, 1965.

G.S. Fraser, *Dylan Thomas*, Longmans, Green & Co., London, 1957.

Id., in *Vision and Rhetoric*, Faber & Faber, London, 1959.

N. Fusini, *Dylan Thomas. Nel corpo della poesia*, « Strumenti critici », 29, 1976.

G. Galigani, *Appunti per la lettura di una lirica di Dylan Thomas*, « Rivista di cultura classica e medievale », 1978.

Id., *La palingenesi ciclica di « Ceremony After a Fire Raid »*, « Linguistica e letteratura », 9, 1984.

B. Gallo, *La metropoli dei pesci*, Minerva italica, Bergamo, 1976.

V. Gentili, *Il mondo rappreso di Dylan Thomas*, « Paragone », 202, dicembre 1966.

H. Gregory, *Romantic Heritage in the Writings of Dylan Thomas*, « Poetry », LXIX, 6, marzo 1947.

G. Grigson, *18 Poems*, « New Verse », 13, London, febbraio 1935.

Id., in *The Arp of Aedus*, Routledge & Sons, London, 1947.

Id., *New Poetry*, « Horizon », 1, gennaio 1940.

L. Guerra, T. Kemeny, a cura di, *Dylan Thomas*, Campanotto Editore, Udine, 1994 (contributi di T. Kemeny, G. Conte, F. Marucci, S. Bigliazzi, I. Salvadori, A. Canavesi, G. Gallo, L. Guerra, J. Meddemmen, R. Sanesi, G. Finzi).

S. Heaney, *Dylan the Durable?*, The Bennington Chapbooks, Dublin, 1992.

J.F. Hendry, in *The New Apocalypse*, The Fortune Press, London, 1940.

D. Holbrook, *Llareggub Revisited*, Bowes & Bowes, London, 1962.

Id., *Dylan Thomas: The Code of Night*, London, 1972.

S. Holroyd, in *Emergence From Chaos*, Houghton Mifflin Co., Boston, 1957.

H. Horan, *In Defence of Dylan Thomas*, « The Kenyon Review », 7, primavera 1945.

L.R. Hornick, *The Intricate Image*, Ann Arbor, Mich., 1960.

D. Jones, *Preface*, in D. Thomas, *Under Milk Wood* (Acting Edition), J.M. Dent & Sons, London, 1958.

Id., *My Friend Dylan Thomas*, London, 1977.

T.H. Jones, *Dylan Thomas*, Oliver and Boyd, London, 1963.

T. Kemeny, *Celebrazione del linguaggio e dell'esistenza precategoriale in un « Process poem » di Dylan Thomas*, « Studi e ricerche di letteratura inglese e americana », 2, dicembre 1971. Rist. in *La poesia di Dylan Thomas*, Cooperativa Scrittori, Milano, 1976.

H.H. Kleinman, *The Religious Sonnets of Dylan Thomas*, Berkeley, Cal., 1963.

R. La Vergnas, *Où va la littérature anglaise?*, « Nouvelles Littéraires », 9 gennaio 1947.

A. Livi, *Sugli scogli di Rio*, « Inventario », II, 3, autunno 1949.

L. MacNeice, in *Modern Poetry*, Oxford U.P., Oxford, 1938.

G. Manganelli, *Prose e racconti di Dylan Thomas*, « L'illustrazione italiana », agosto 1961.

A. Marianni, in D. Thomas, *Poesie*, Einaudi, Torino, 1965.

Id., *Introduzione*, in D. Thomas, *Sotto il bosco di latte*, Mondadori, Milano, 1972.

J. Markale, *La poèsie de Dylan Thomas*, « Cahiérs du Sud », 329, giugno 1955.

F. Marucci, *Il senso interrotto. Autonomia e codificazione nella poesia di Dylan Thomas*, Longo, Ravenna, 1976.

R. Maud, *Entrances to Dylan Thomas's Poetry*, Pittsburgh, Pa., 1963.

R.N. Maud, *Dylan Thomas's Poetry*, « Essays in Criticism », IV, 4, ottobre 1954.

Id., *Le ultime poesie di Dylan Thomas*, « Poesia e critica », 3, 1962.

W. Mauro, *I due « trionfi » di Dylan Thomas*, « Il contemporaneo », IV, 6, 8 febbraio 1958.

G. Melchiori, *La poesia visionaria di Dylan Thomas*, « Lo spettatore italiano », 12, dicembre 1953

Id., in *The Tightrope Walkers*, Routledge & Kegan Paul, London, 1956.

R.J. Mills, *Dylan Thomas: The Endless Monologue*, « Accent », vol. 20, 2, primavera 1960.

E. Montale, *Letture*, in « Corriere della sera », 5 giugno 1954.

W.T. Moynihan, *The Craft and Art of Dylan Thomas*, Ithaca, London, 1966.

E. Muir, *New Poetry*, « Purpose », II, ottobre-dicembre 1939.

R. Mussapi, *Postfazione*, in D. Thomas, *Visione e preghiera*, Marcos y Marcos, Milano, 1984.

E. Olson, *The Poetry of Dylan Thomas*, University of Chicago Press, Chicago, 1954.

« Poesia e critica », 5, dicembre 1963, numero speciale dedicato a Thomas, a cura di R. Sanesi (contributi di C. Corman, G. Raboni, G. Finzi, M. Rizzi, C. Haines, G. Aristarco, R. Jacobbi, M. Corona, S. Gamberini, J. Wain, V. Watkins).

R. Poggioli, *In memoria di Dylan Thomas*, « Letteratura », I, 5-6, settembre-dicembre 1953.

D. Porzio, *Una meteora nella poesia inglese*, « Oggi », 19 giugno 1955.

M. Praz, *Panorama letterario inglese*, « Comunità », 3-4, maggio-giugno 1949.

Id., *Ricordo di un poeta*, « Il tempo », 11 novembre 1953.

B. Read, R. McKenna, *The Days of Dylan Thomas*, Weidenfeld & Nicolson, London, 1964.

H. Read, *The Map of Love*, « Seven », 6, autunno 1939.

A. Rizzardi, *Era diventato un caposcuola*, « La fiera letteraria », 6 dicembre 1953.

Id., *Dylan Thomas*, « La fiera letteraria », 8 agosto 1954.

Id., *Un omaggio a Dylan Thomas*, « La fiera letteraria », 8 gennaio 1956.

D. Roche, *Le spectacle de l'écriture*, in D. Thomas, *Œuvres*, Seuil, Paris, 1970.

S. Rosati, *Dylan Thomas, poeta neoromantico*, « Il mondo », 27 dicembre 1952.

R. Sanesi, *Sesso, nascita e morte in Dylan Thomas*, « Aut Aut », 18, 1953.

Id., *Introduzione a Dylan Thomas*, in D. Thomas, *Poesie*, Guanda, Parma, 1954.

Id., *Nella coscia del gigante bianco*, « Aut Aut », 23, settembre 1954.

Id., *Il « Portrait » e la prosa di Dylan Thomas*, « Aut Aut », 28, luglio 1955.

Id., in *Poesia inglese del dopoguerra*, Schwarz, Milano, 1958.

Id., in *Poeti inglesi del '900*, Bompiani, Milano, 1960.

Id., *Dylan Thomas*, Lerici, Milano, 1960 (poi Garzanti, Milano, 1976; Editori Riuniti, Roma, 1994).

Id., *In cerca del poeta che fu Dylan Thomas*, « Corriere d'Informazione », 7-8 novembre 1963.

Id., *Aggiunta bibliografica per Dylan Thomas*, « Poesia e critica », 6-7, maggio 1965.

Id., in D. Thomas, *Lunch at Mussolini's*, M'Arte, Milano, 1972.

Id., *Dati e supposizioni per un'indagine tematica di « In the White Giant's Thigh » di Dylan Thomas*, « Altri termini », 7, 1975 (poi, rist. e aumentato in *La valle della visione*, Garzanti, Milano, 1985).

Id. (a cura di), *Omaggio a Dylan Thomas*, mostra di documenti autografi, foto, libri, disegni; Accademia di Belle Arti di Brera, Milano, maggio 1994.

Id., in D. Thomas, *Dieci poesie*, Scheiwiller, Milano, 1994 (ediz. privata fuori commercio).

Id., *Light breaks. Note preliminari a una traduzione*, in *Dylan Thomas*, a cura di L. Guerra e T. Kemeny, Campanotto, Udine, 1994.

F. SCARFE, *The Poetry of Dylan Thomas*, « Horizon », 2, novembre 1940.

Id., in *Auden and After*, Routledge & Sons, London, 1942.

S. SCHIMANSKI e H. TREECE, in *A New Romantic Anthology*, The Gray Walls Press Ltd., London, 1949.

K. SHAPIRO, *Dylan Thomas*, Random House, New York, 1966.

A. SINCLAIR, *Dylan Thomas*, M. Joseph, London, 1975.

E. SITWELL, *Four New Poets*, « London Mercury », 33, febbraio 1936.

Id., *The Achievement of Mr. Dylan Thomas: 25 Poems*, « The Sunday Times, 15 novembre 1936.

B. SLOTE, *Prendi l'avvio col sole*, « Poesia e critica », 1, giugno 1961.

S. SPENDER, in *The Destructive Element*, J. Cape, London, 1935.

Id., in *Poetry Since 1939*, Longmans, Green & Co., London, 1946.

D. STANFORD, *Dylan Thomas*, N. Spearman, London, 1954.

M.W. STEARNS, *Unsex the Skeleton*, « The Sewanee Review », 52, luglio 1944.

Id., in *Transformations 3*, a cura di S. Schimanski e H. Treece, Lindsay Drummond, London, 1949.

J.L. SWEENEY, *Introduction* in *Dylan Thomas: Selected Writings*, New Directions, Norfolk, Conn., 1946.

Id., *Intimations of Mortality*, « New Republic », 126, 17 marzo 1952.

A. TALFAN DAVIES, *A Question of Language*, « The Welsh Anvil: Yv Einion », 5, luglio 1953.

E.W. TEDLOCK, *The Legend and the Poet*, Heinemann, London, 1960.

« The Yale Literary Magazine », vol. 122, 2, novembre 1954 (numero speciale dedicato a Thomas).

C. THOMAS, *Leftover Life to Kill*, Putnam, London, 1957.

W.Y. TINDALL, *The Poetry of Dylan Thomas*, « American Scholar », XVII, 4, autunno 1948.

ID., *A Reader's Guide to Dylan Thomas*, Thames & Hudson, London, 1962.

H. TREECE, *Dylan Thomas and the Surrealists*, « Seven », 3, inverno 1938.

ID., *Dylan Thomas: « Dog Among the Faires »*, L. Drummond Ltd., London, 1949.

J. WAIN, in *Preliminary Essays*, Macmillan, London, 1957.

G. WATKINS, *Portrait of a friend*, Gomer Press, Llandysul, 1983.

V. WATKINS, in D. Thomas, *Letters to Vernon Watkins*, Dent, London, 1963.

A.R. WILLIAMS, *A Dictionary for Dylan Thomas*, « Dock Leaves », III, 9, inverno 1952.

R.C. WILLIAMS, *The Concordance to the Collected Poems of Dylan Thomas*, Lincoln, Nebraska, 1967.

Poesie

Poem 39

In me ten paradoxes make one truth,
Ten twining roots meet twining in the earth
To make one root that never strangles light
By thrusting a green shrub from underneath;
And never shall the truth translate
From epileptic whispering in the night,
And never shall the roots bear to bear fruit
Till life and death shall cancel out,
First and last paradox are cancelled out.

As I am man, this paradox insists:
I am the one man living [amid] ghosts,
The one ghost [amid] men; I am the chosen
One, the one neglected [amid] mists.
In me man and woman's brazen,
Yet have I played the eunuch to all passion,
Having no sex and every feeling frozen.
Till life is death there'll be no reason,
Till life and death unite there'll be no reason.

July 33

Poesia 39 [1]

Mi ci vogliono dieci paradossi
Per ricomporre in me una verità,
Dieci radici contorte che si accoppiano
Dentro la terra per fare una radice unica
Che spingendo da sotto i suoi germogli verdi
Non strangoli la luce; e non potrà tradurre
La verità dal mormorio epilettico notturno,
Come mai le radici potranno consentirsi
Di generare il frutto finché vita e morte
Non siano cancellate, il primo e l'ultimo
Dei paradossi non siano cancellati.

E poiché sono un uomo, il paradosso insiste:
Sono l'unico uomo che vive fra gli spettri,
L'unico spettro a vivere fra gli uomini;
Sono l'unico eletto, e l'unico negletto fra le nebbie.
C'è in me la sfrontatezza dell'uomo e della donna,
E tuttavia ho recitato la parte dell'eunuco
A tutte le passioni, non avendo sesso
E tutti i sentimenti raggelati.
Finché la vita è morte non ci sarà ragione,
Finché la vita e la morte non si uniscano.

Luglio 1933

When once the twilight locks

When once the twilight locks no longer
Locked in the long worm of my finger
Nor dammed the sea that sped about my fist,
The mouth of time sucked, like a sponge,
The milky acid on each hinge,
And swallowed dry the waters of the breast.

When the galactic sea was sucked
And all the dry seabed unlocked,
I sent my creature scouting on the globe,
That globe itself of hair and bone
That, sewn to me by nerve and brain,
Had stringed my flask of matter to his rib.

My fuses timed to charge his heart,
He blew like powder to the light
And held a little sabbath with the sun,
But when the stars, assuming shape,
Drew in his eyes the straws of sleep,
He drowned his father's magics in a dream.

All issue armoured, of the grave,
The redhaired cancer still alive,
The cataracted eyes that filmed their cloth:
Some dead undid their bushy jaws,

Quando infine le chiuse del crepuscolo [1]

Quando infine le chiuse del crepuscolo
Non mi strinsero più il lungo verme del dito
Né arginarono il mare che mi vortica
Attorno al pugno, la bocca del tempo
Succhiò come una spugna da ogni cardine
Il latte inacidito, e prosciugò le acque del mio petto.

Quando il mare galattico fu appena risucchiato
E disserrato il suo fondale asciutto,
Mandai la mia creatura ad esplorare il globo.
Quel globo stesso di capelli e d'ossa
Che m'era stato ricucito addosso con nervi e cervello
E si teneva allacciata a una costola
La fiaschetta ripiena della mia materia.

Con le mie micce pronte innescate al suo cuore
Esplose nella luce come polvere
E tenne un piccolo sabba col sole,
Ma appena le stelle, assumendo una forma,
Gli gettarono negli occhi le paglie del sonno,
Annegò dentro un sogno la magia del padre.

Con la progenie al completo,
Serrò nella corazza della tomba
Il cancro ancora vivo coi capelli rossi,
Gli occhi offuscati dal velo della cateratta;
Alcuni morti disfecero mascelle cespugliose,

And bags of blood let out their flies;
He had by heart the Christ-cross-row of death.

Sleep navigates the tides of time;
The dry Sargasso of the tomb
Gives up its dead to such a working sea;
And sleep rolls mute above the beds
Where fishes' food is fed the shades
Who periscope through flowers to the sky.

The hanged who lever from the limes
Ghostly propellers for their limbs,
The cypress lads who wither with the cock,
These, and the others in sleep's acres,
Of dreaming men make moony suckers,
And snipe the fools of vision in the back.

When once the twilight screws were turned,
And mother milk was stiff as sand,
I sent my own ambassador to light;
By trick or chance he fell asleep
And conjured up a carcase shape
To rob me of my fluids in his heart.

Awake, my sleeper, to the sun,
A worker in the morning town,
And leave the poppied pickthank where he lies;
The fences of the light are down,
All but the briskest riders thrown,
And worlds hang on the trees.

E borse piene di sangue mostrarono i loro risvolti;
Lui lo sapeva a memoria
Il capolettera-a-croce della morte.

Naviga il sonno le maree del tempo;
Lo sterile Sargasso della tomba
Restituisce i morti a un simile mare operoso
E il sonno ondeggia muto sopra i banchi
Dove il cibo dei pesci è dato in pasto ad ombre
Che scrutano fra i fiori fino al cielo.

L'impiccato che estrae dalla calce
Propulsori fantasma per le loro membra,
Cipressi ragazzini appassiti col gallo,
E gli uni e gli altri negli acri del sonno
Fanno d'uomini in sogno poppanti lunari,
Tirano addosso ai visionari matti.

Quando infine le viti del crepuscolo
Si furono allentate,
Ed il latte materno fu asciutto come sabbia,
Mandai il mio ambasciatore per la luce,
Ma lui per caso o inganno prese sonno
Ed evocò una forma di cadavere
Per rubare i miei fluidi nel suo cuore.

Risvègliati nel sole, mio dormiente,
Come operaio in città mattiniera,
Lascialo lì l'adulatore tutto insonnolito;
Caduti gli steccati della luce,
Soltanto i cavalieri più brillanti saltano.
E mondi stanno appesi sopra gli alberi.

Before I knocked

Before I knocked and flesh let enter,
With liquid hands tapped on the womb,
I who was shapeless as the water
That shaped the Jordan near my home
Was brother to Mnetha's daughter
And sister to the fathering worm.

I who was deaf to spring and summer,
Who knew not sun nor moon by name,
Felt thud beneath my flesh's armour,
As yet was in a molten form,
The leaden stars, the rainy hammer
Swung by my father from his dome.

I knew the message of the winter,
The darted hail, the childish snow,
And the wind was my sister suitor;
Wind in me leaped, the hellborn dew;
My veins flowed with the Eastern weather;
Ungotten I knew night and day.

As yet ungotten, I did suffer;
The rack of dreams my lily bones
Did twist into a living cipher,
And flesh was snipped to cross the lines

Prima che io bussassi [1]

Prima che io bussassi e che la carne mi facesse entrare
Con picchiettare di liquide mani sul grembo,
Io che ero senza forma come l'acqua
Che dava forma al Giordano vicino a casa mia
Ero il fratello della figliola di Mnetha [2]
E la sorella del verme generante.

Io che ero sordo a primavera e estate,
E non sapevo per nome né il sole né la luna,
Sentii nell'armatura della carne,
Per quanto ancora in una forma fusa,
Un tonfo di stelle di piombo, il martello piovoso
Scagliato da mio padre dalla cupola.

Così seppi il messaggio dell'inverno,
I colpi dardeggianti della grandine,
La neve dell'infanzia,
E il vento che insidiava mia sorella;
Dentro di me il vento sussultava, rugiada infernale;
Le mie vene scorrevano in clima d'oriente;
Per quanto ancora non nato conobbi notte e giorno.

Per quanto ancora incompiuto provai sofferenza;
La ruota di tortura dei miei sogni
Contorse ossa di giglio in una cifra viva.
Così la carne venne ritagliata,

Of gallow crosses on the liver
And brambles in the wringing brains.

My throat knew thirst before the structure
Of skin and vein around the well
Where words and water make a mixture
Unfailing till the blood runs foul;
My heart knew love, my belly hunger;
I smelt the maggot in my stool.

And time cast forth my mortal creature
To drift or drown upon the seas
Acquainted with the salt adventure
Of tides that never touch the shores.
I who was rich was made the richer
By sipping at the vine of days.

I, born of flesh and ghost, was neither
A ghost nor man, but mortal ghost.
And I was struck down by death's feather.
I was mortal to the last
Long breath that carried to my father
The message of his dying christ.

You who bow down at cross and altar
Remember me and pity Him
Who took my flesh and bone for armour
And doublecrossed my mother's womb.

Per tratteggiare il fegato con croci da patibolo,
E con cespugli di spine i cervelli straziati.

La mia gola conobbe la sete prima della struttura
Di pelle e vene attorno alla sorgente
Dove parola e acqua fanno una mistura
Indefettibile finché si guasta il sangue;
Il mio cuore conobbe l'amore, il mio ventre la fame;
Sentii dentro il mio ceppo l'odore della larva.

E il tempo espulse la mia creatura mortale
Alla deriva e ad annegare in mari familiari
Con l'avventura salina delle maree
Che non riescono mai a toccare riva.
Io che ero ricco diventai più ricco
Succhiando al vigneto dei giorni.

Io nato di carne e di spettro non ero
Né spettro né uomo, soltanto fantasma mortale.
E fui abbattuto da piuma di morte.
Io fui mortale solo fino all'ultimo
Lungo respiro che portò a mio padre
Il messaggio del suo cristo morente.

Voi che vi inginocchiate alla croce e all'altare
Ricordatevi di me e abbiate pietà di Colui
Che prese come armatura la mia carne e l'ossa
E crocifisse due volte il grembo di mia madre.

The force that through the green fuse

The force that through the green fuse drives the flower
Drives my green age; that blasts the roots of trees
Is my destroyer.
And I am dumb to tell the crooked rose
My youth is bent by the same wintry fever.

The force that drives the water through the rocks
Drives my red blood; that dries the mouthing streams
Turns mine to wax.
And I am dumb to mouth unto my veins
How at the mountain spring the same mouth sucks.

The hand that whirls the water in the pool
Stirs the quicksand; that ropes the blowing wind
Hauls my shroud sail.
And I am dumb to tell the hanging man
How of my clay is made the hangman's lime.

The lips of time leech to the fountain head;
Love drips and gathers, but the fallen blood
Shall calm her sores.

La forza che attraverso il verde càlamo
sospinge il fiore [1]

La forza che attraverso il verde càlamo sospinge il fiore
È quella che sospinge la mia verde età;
Quella che spacca le radici agli alberi
È la mia distruttrice.
E io non ho parole per dire alla rosa incurvata
Che la mia giovinezza è piegata da identica febbre
   invernale.

La forza che spinge le acque attraverso le rocce
Spinge il mio rosso sangue;
Quella che le correnti prosciuga alla foce
Le mie trasforma in cera.
E io non ho parole per gridare alle mie vene
Che alla sorgente montana la stessa bocca sugge.

La mano che mùlina l'acqua sul fondo dello stagno
Agita sabbie mobili;
Quella che allaccia il soffiare del vento
Tende la vela del mio sudario [2].
E io non ho parole per dire all'impiccato
Che la mia creta è fatta con la calce del carnefice [3].

Al getto della fonte le labbra del tempo sorseggiano;
L'amore stilla a gocce e si condensa, ma il sangue
   versato
Addolcirà le piaghe di colei che amo.

And I am dumb to tell a weather's wind
How time has ticked a heaven round the stars.

And I am dumb to tell the lover's tomb
How at my sheet goes the same crooked worm.

E io non ho parole per dire a tutto l'impeto del vento
Come attorno alle stelle il tempo ha scandito un suo
  cielo.

E sono muto per dire alla tomba di colei che amo
Come lo stesso verme tortuoso si avvia al mio sudario.

Especially when the October wind

Especially when the October wind
With frosty fingers punishes my hair,
Caught by the crabbing sun I walk on fire
And cast a shadow crab upon the land,
By the sea's side, hearing the noise of bird,
Hearing the raven cough in winter sticks,
My busy heart who shudders as she talks
Sheds the syllabic blood and drains her words.

Shut, too, in a tower of words, I mark
On the horizon walking, like the trees
The wordy shapes of women, and the rows
Of the star-gestured children in the park.
Some let me make you of the vowelled beeches,
Some of the oaken voices, from the roots
Of many a thorny shire tell you notes,
Some let me make you of the water's speeches.

Behind a pot of ferns the wagging clock
Tells me the hour's word, the neural meaning
Flies on the shafted disk, declaims the morning
And tells the windy weather in the cock.
Some let me make you of the meadow's signs;
The signal grass that tells me all I know
Breaks with the wormy winter through the eye.
Some let me tell you of the raven's sins.

Specialmente se il vento d'ottobre [1]

Specialmente se il vento d'ottobre
Punisce i miei capelli con dita di gelo,
Afferrato dal sole che aggranchia cammino sul fuoco
E getto un granchio d'ombra sulla terra,
Udendo in riva al mare un clamore d'uccelli,
Udendo il corvo tossire su stecchi invernali,
Mentre lei parla il mio cuore affannato trasale
E sparge il sangue sillabico, assorbe le parole.

Chiuso dentro una torre di parole io stesso traccio
Sull'orizzonte in cammino come gli alberi [2]
Forme verbose di donne, e nel parco
Filari di fanciulli dai gesti stellari. Qualcuno
Lascia che ti ricrei con vocali di faggi,
Con voce di quercia, o ti dica
Con le radici di contee spinose,
Lascia che ti ricrei coi discorsi dell'acqua.

Dietro un vaso di felci la pendola oscilla e mi dice
La parola dell'ora, il suo senso neurale
Vola sul disco frecciato, declama il mattino,
Il gallo a banderuola annuncia vento.
Lascia che ti ricrei con i segni del prato;
L'erba segnale che dice tutto ciò che so
Col verminoso inverno mi penetra l'occhio.
Lascia che ti racconti con i peccati del corvo.

Especially when the October wind
(Some let me make you of autumnal spells,
The spider-tongued, and the loud hill of Wales)
With fists of turnips punishes the land,
Some let make you of the heartless words.
The heart is drained that, spelling in the scurry
Of chemic blood, warned of the coming fury.
By the sea's side hear the dark-vowelled birds.

Specialmente se il vento d'ottobre
(Lascia che io ti crei con incanti d'autunno,
Con lingue di ragno e sonora collina del Galles)
Con pugni di rape punisce la terra, qualcuno
Lascia che io ti crei con parole impietose.
È inaridito il cuore che sillabando nello sgambettio
Dell'alchemico sangue avvertì che la furia era in
   cammino.
Ascolta in riva al mare il cupo vocalizzo degli uccelli.

Light breaks where no sun shines

Light breaks where no sun shines;
Where no sea runs, the waters of the heart
Push in their tides;
And, broken ghosts with glow-worms in their heads,
The things of light
File through the flesh where no flesh decks the bones.

A candle in the thighs
Warms youth and seed and burns the seeds of age;
Where no seed stirs,
The fruit of man unwrinkles in the stars,
Bright as a fig;
Where no wax is, the candle shows its hairs.

Dawn breaks behind the eyes;
From poles of skull and toe the windy blood
Slides like a sea;
Nor fenced, nor staked, the gushers of the sky
Spout to the rod
Divining in a smile the oil of tears.

Night in the sockets rounds,
Like some pitch moon, the limit of the globes;
Day lights the bone;
Where no cold is, the skinning gales unpin

Dove non splende sole luce penetra [1]

Dove non splende sole luce penetra;
Dove non scorre mare, le acque del cuore
Spingono avanti le loro maree;
Fantasmi infranti con lucciole nel capo,
Le cose della luce
Sfilano per la carne dove nessuna carne riveste le ossa.

Una candela fra le cosce scalda
La giovinezza e il seme, e brucia tutti i semi dell'età;
Dove non germina seme,
Il frutto dell'uomo si spiana le rughe alle stelle,
Splendente come un fico;
Dove la cera è scomparsa, la candela esibisce i suoi
    capelli.

L'alba esplode dietro gli occhi;
Dai poli del cranio e dell'alluce il sangue ventoso
Fluisce come un mare;
Né segnati da pali né recinti, i pozzi petroliferi del cielo
Zampillano alla verga che divina
In un sorriso l'olio delle lacrime.

La notte nelle orbite contorna
Come una luna di pece il limite dei globi;
Il giorno illumina l'osso;
Là dove non fa freddo, la raffica che scortica

The winter's robes;
The film of spring is hanging from the lids.

Light breaks on secret lots,
On tips of thought where thoughts smell in the rain;
When logics die,
The secret of the soil grows through the eye,
And blood jumps in the sun;
Above the waste allotments the dawn halts.

Sfila gli spilli agli abiti d'inverno;
La sottile membrana della primavera penzola dalle
   palpebre.

La luce irrompe su appezzamenti segreti,
Sulle punte del pensiero dove i pensieri profumano
Bagnati dalla pioggia;
Quando le logiche muoiono,
Il segreto del suolo cresce attraverso la cruna,
E il sangue balza nel sole;
Su desolati terreni l'alba si arresta.

This bread I break

This bread I break was once the oat,
This wine upon a foreign tree
Plunged in its fruit;
Man in the day or wind at night
Laid the crops low, broke the grape's joy.

Once in this wine the summer blood
Knocked in the flesh that decked the vine,
Once in this bread
The oat was merry in the wind;
Man broke the sun, pulled the wind down.

This flesh you break, this blood you let
Make desolation in the vein,
Were oat and grape
Born of the sensual root and sap;
My wine you drink, my bread you snap.

Questo pane che spezzo [1]

Questo pane che spezzo era un tempo frumento,
Questo vino su un albero straniero
Immerso nel suo frutto;
L'uomo di giorno o il vento nella notte
Gettarono a terra le messi,
spezzarono la gioia d'ogni grappolo.

In questo vino un tempo il sangue dell'estate
Pulsava nella carne che rivestiva la vite,
In questo pane un tempo
Il frumento era allegro nel vento;
L'uomo ha spezzato il sole e rovesciato il vento.

Questa carne che spezzi, questo sangue
Lasciato a devastare le tue vene,
Erano un tempo grappoli e frumento
Nati dalla radice e linfa sensuali.
È il mio vino che bevi, il mio pane che addenti.

Ears in the turrets hear

Ears in the turrets hear
Hands grumble on the door,
Eyes in the gables see
The fingers at the locks.
Shall I unbolt or stay
Alone till the day I die
Unseen by stranger-eyes
In this white house?
Hands, hold you poison or grapes?

Beyond this island bound
By a thin sea of flesh
And a bone coast,
The land lies out of sound
And the hills out of mind.
No birds or flying fish
Disturbs this island's rest.

Ears in this island hear
The wind pass like a fire,
Eyes in this island see
Ships anchor off the bay.
Shall I run to the ships
With the wind in my hair,
Or stay till the day I die
And welcome no sailor?
Ships, hold you poison or grapes?

Nelle piccole torri orecchi odono [1]

Nelle piccole torri orecchi odono
Le mani raspare alla porta,
Occhi negli abbaini vedono
Dita che fremono alle serrature.
Dovrò aprire, o dovrò rimanere
Da solo fino al giorno della morte
Non visto da occhi stranieri
In questa casa bianca?
Mani, portate grappoli o veleno?

Al di là di quest'isola recinta
Da un mare sottile di carne
E da una costa d'osso,
La terra si stende lontana dal suono,
Le colline lontane dalla mente.
Né uccello né pesce volante
Disturbano il riposo di quest'isola.

Orecchi in quest'isola odono
Il vento che trascorre come un fuoco,
Occhi in quest'isola vedono
Le navi all'àncora al largo nella baia.
Dovrò correre alle navi
Col vento nei capelli, o rimanere
Fino al giorno della morte, senza dare
Il benvenuto a nessun marinaio?
Navi, portate grappoli o veleno?

Hands grumble on the door,
Ships anchor off the bay,
Rain beats the sand and slates.
Shall I let in the stranger,
Shall I welcome the sailor,
Or stay till the day I die?

Hands of the stranger and holds of the ships,
Hold you poison or grapes?

Le mani raspano alla porta, le navi
Gettano l'àncora al largo nella baia,
La pioggia batte la sabbia e le ardesie del tetto.
Lascerò entrare lo straniero,
Darò il mio benvenuto al marinaio,
O resterò fino al giorno della morte?

Mani dello straniero e stive delle navi,
Cosa portate, grappoli o veleno?

The hand that signed the paper

The hand that signed the paper felled a city;
Five sovereign fingers taxed the breath,
Doubled the globe of dead and halved a country;
These five kings did a king to death.

The mighty hand leads to a sloping shoulder,
The finger joints are cramped with chalk;
A goose's quill has put an end to murder
That put an end to talk.

The hand that signed the treaty bred a fever,
And famine grew, and locusts came;
Great is the hand that holds dominion over
Man by a scribbled name.

The five kings count the dead but do not soften
The crusted wound nor stroke the brow;
A hand rules pity as a hand rules heaven;
Hands have no tears to flow.

La mano che firmò il trattato [1]

La mano che firmò il trattato fece crollare una città;
Cinque dita sovrane misero un'ipoteca sul respiro,
Raddoppiarono il globo dei morti, dimezzarono un
   paese;
Quei cinque re misero a morte un re.

La mano possente guida a una spalla ricurva,
Il gesso rattrappisce le giunture delle dita;
Una penna d'oca ha messo fine all'assassinio
Che aveva messo fine al negoziato.

La mano che firmò il trattato nutrì una febbre,
La carestia si accrebbe e le locuste accorsero;
Grande è la mano che ha l'uomo in suo dominio
Grazie a un nome scribacchiato.

I cinque re contando i morti ma non leniscono
La ferita incrostata, non spianano la fronte;
Una mano governa la pietà come governa il cielo;
Le mani non hanno lacrime da versare.

And death shall have no dominion

And death shall have no dominion.
Dead men naked they shall be one
With the man in the wind and the west moon;
When their bones are picked clean and the clean bones
   gone,
They shall have stars at elbow and foot;
Though they go mad they shall be sane,
Though they sink through the sea they shall rise again;
Though lovers be lost love shall not;
And death shall have no dominion.

And death shall have no dominion.
Under the windings of the sea
They lying long shall not die windily;
Twisting on racks when sinews give way,
Strapped to a wheel, yet they shall not break;
Faith in their hands shall snap in two,
And the unicorn evils run them through;
Split all ends up they shan't crack;
And death shall have no dominion.

And death shall have no dominion.
No more may gulls cry at their ears
Or waves break loud on the seashores;
Where blew a flower may a flower no more
Lift its head to the blows of the rain;

E morte non avrà dominio [1]

E morte non avrà dominio.
E i morti nudi si confonderanno
Con l'uomo nel vento e la luna occidentale;
Quando le loro ossa saranno scarnite e le ossa polite
    scomparse,
Avranno stelle ai gomiti e ai piedi;
Per quanto ormai impazziti avranno mente sana,
Per quanto anneghino in mare sorgeranno ancora;
Per quanto gli amanti si perdano, l'amore resterà;
E morte non avrà dominio.

E morte non avrà dominio.
Sotto i gorghi del mare
Anche giacendo a lungo non moriranno nel vento;
Torcendosi ai tormenti, al cedere dei tèndini,
Legati ad una ruota non si spezzeranno;
La fede nelle loro mani sarà troncata in due,
E i mali unicorni li trapasseranno;
Strappati da ogni lato non si schianteranno;
E morte non avrà dominio.

E morte non avrà dominio.
Mai più i gabbiani gli grideranno agli orecchi
Né le onde furiose si infrangeranno alle rive;
Dove un fiore sbocciò più nessun fiore
Potrà rialzare il capo a raffiche di pioggia;

Though they be mad and dead as nails,
Heads of the characters hammer through daisies;
Break in the sun till the sun breaks down,
And death shall have no dominion.

Per quanto ormai impazzite, stecchite come chiodi,
Le teste dei messeri martelleranno fra le margherite;
Irrompendo nel sole finché il sole non precipiterà.
E morte non avrà dominio.

Altarwise by owl-light

I

Altarwise by owl-light in the half-way house
The gentleman lay graveward with his furies;
Abaddon in the hangnail cracked from Adam,
And, from his fork, a dog among the fairies,
The atlas-eater with a jaw for news,
Bit out the mandrake with to-morrow's scream.
Then, penny-eyed, that gentleman of wounds,
Old cock from nowheres and the heaven's egg,
With bones unbuttoned to the half-way winds,
Hatched from the windy salvage on one leg,
Scraped at my cradle in a walking word
That night of time under the Christward shelter:
I am the long world's gentleman, he said,
And share my bed with Capricorn and Cancer.

II

Death is all metaphors, shape in one history;
The child that sucketh long is shooting up,
The planet-ducted pelican of circles
Weans on an artery the gender's strip;
Child of the short spark in a shapeless country
Soon sets alight a long stick from the cradle;
The horizontal cross-bones of Abaddon,

Come un altare in luce di civetta [1]

I

Come un altare in luce di civetta nella casa a mezza
   via [2]
L'eroe giace rivolto alla sua tomba con le furie;
Abaddon [3] nella pelle delle unghie strappata da Adamo,
E dalla forca, cane fra le fate,
Il mangiatore d'atlanti goloso di notizie [4]
Mordicchia la mandragora [5] con urlo di domani.
Allora, occhidisoldo, il signore delle ferite,
Vecchio gallo venuto dal nulla e dall'uovo del cielo,
Con le ossa slacciate nei venti a mezza via [6],
Sgusciò dai relitti del vento su una gamba sola,
E raspò alla mia culla con una parola in cammino
Quella notte del tempo sotto il riparo orientato su
   Cristo:
Sono il signore del lungo mondo, egli disse,
E divido il mio letto col Capricorno e il Cancro.

II

La morte è tutte le metafore, forma di un'unica storia;
Il bimbo che aveva a lungo succhiato ora cresce,
Il pellicano dei cerchi collegato ai condotti planetari
Svezza a un'arteria la linea della specie;
Figlio di breve scintilla in un paese informe
Rapido accende dalla culla un lungo ramoscello;
Con le ossa a croce di Abaddon posate all'orizzonte [7]

You by the cavern over the black stairs,
Rung bone and blade, the verticals of Adam,
And, manned by midnight, Jacob to the stars,
Hairs of your head, then said the hollow agent,
Are but the roots of nettles and of feathers
Over these groundworks thrusting through a pavement
And hemlock-headed in the wood of weathers.

III

First there was the lamb on knocking knees
And three dead seasons on a climbing grave
That Adam's wether in the flock of horns,
Butt of the tree-tailed worm that mounted Eve,
Horned down with skullfoot and the skull of toes
On thunderous pavements in the garden time;
Rip of the vaults, I took my marrow-ladle
Out of the wrinkled undertaker's van,
And, Rip Van Winkle from a timeless cradle,
Dipped me breast-deep in the descended bone;
The black ram, shuffling of the year, old winter,
Alone alive among his mutton fold,
We rung our weathering changes on the ladder,
Said the antipodes, and twice spring chimed.

IV

What is the metre of the dictionary?
The size of genesis? the short spark's gender?
Shade without shape? The shape of Pharaoh's echo?
(My shape of age nagging the wounded whisper).

Tu presso la caverna sulle scale nere
Facesti squillare osso e lama, i verticali di Adamo [8],
E poi nutrito dalla mezzanotte, Giacobbe alle stelle,
I capelli del capo, ti disse il vuoto agente,
Non sono che radici di ortiche e di piume che premono
Su queste fondamenta attraverso un selciato
E la cicuta è un casco nella boscaglia delle stagioni.

III

Prima vi fu l'agnello [9] sulle ginocchia tremanti
E tre stagioni morte sopra una tomba in ascesa
Che il caprone di Adamo nel branco delle corna,
Estremità del verme a coda d'albero che montò Eva,
Prese a cornate con piede di teschio e con teschio di
    dita
Sui selciati tonanti nel tempo del giardino;
Rip delle arcate, trassi il mio mestolo di midollo
Dal carro del rugoso imprenditore funebre,
E Rip Van Winkle [10] da una culla senza età
Mi tuffai fino al petto nell'osso discendente;
Il capro nero, strascichìo dell'anno, antico inverno,
Unico essere vivo nel suo ovile di montoni,
Facemmo risuonare sulla scala il mutamento delle
    stagioni,
Dissero gli antipodi, e due volte squillò la primavera.

IV

Qual è il metro del dizionario?
La misura della genesi? il genere della breve scintilla?
Un'ombra senza forma? la forma dell'eco del Faraone?
(La mia forma d'età che tormenta il bisbiglio ferito).

Which sixth of wind blew out the burning gentry?
(Questions are hunchbacks to the poker marrow).
What of a bamboo man among your acres?
Corset the boneyards for a crooked boy?
Button your bodice on a hump of splinters,
My camel's eyes will needle through the shroud.
Love's reflection of the mushroom features,
Stills snapped by night in the bread-sided field,
Once close-up smiling in the wall of pictures,
Arc-lamped thrown back upon the cutting flood.

V

And from the windy West came two-gunned Gabriel,
From Jesu's sleeve trumped up the king of spots,
The sheath-decked jacks, queen with a shuffled heart;
Said the fake gentleman in suit of spades,
Black-tongued and tipsy from salvation's bottle.
Rose my Byzantine Adam in the night.
For loss of blood I fell on Ishmael's plain,
Under the milky mushrooms slew my hunger,
A climbing sea from Asia had me down
And Jonah's Moby snatched me by the hair,
Cross-stroked salt Adam to the frozen angel
Pin-legged on pole-hills with a black medusa
By waste seas where the white bear quoted Virgil
And sirens singing from our lady's sea-straw.

Quale sestante estinse fra le fiamme la nobile
   assemblea?
(Le domande ingobbiscono al midollo dell'attizzatoio).
Che dire di un uomo di bambù fra i vostri campi?
Di un busto d'ossa ammucchiate per un ragazzo
   sbilenco?
Allacciatevi il corpetto su una gobba di schegge,
I miei occhi di cammello trafiggeranno il sudario come
   aghi.
Riflessi d'amore con fattezze di fungo,
Foto scattate di notte nel campo dai lati di pane,
Primo piano una volta sorridente nel muro dei ritratti,
Illuminati da lampade ad arco sul flutto tagliente.

V

E dal ventoso West con due pistole Gabriele venne,
Il re di macchie fece scivolare dalla manica di Gesù,
E i fanti ornati di guaine, e la regina col cuore a
   soqquadro;
Così disse il falso signore in abito di picche,
Di nera lingua ubriaco dalla bottiglia della salvazione.
Fu nella notte che sorse il mio Adamo bizantino. Io
   caddi
Perdendo sangue sulla piana d'Ismaele [11], e uccisi la mia
   fame
Sotto i funghi di latte, un mare che montava
Dall'Asia mi abbatté, e per i capelli
M'afferrò il Moby di Giona [12], Adamo incrostato di sale
Percosso dalla croce a un angelo di gelo
Con gambe a spillo su colline artiche con una medusa
Nera per mari desolati dove l'orso bianco citava Virgilio
E sirene cantavano dalla paglia marina di nostra
   signora.

VI

Cartoon of slashes on the tide-traced crater,
He in a book of water tallow-eyed
By lava's light split through the oyster vowels
And burned sea silence on a wick of words.
Pluck, cock, my sea eye, said medusa's scripture,
Lop, love, my fork tongue, said the pin-hilled nettle;
And love plucked out the stinging siren's eye,
Old cock from nowheres lopped the minstrel tongue
Till tallow I blew from the wax's tower
The fats of midnight when the salt was singing;
Adam, time's joker, on a witch of cardboard
Spelt out the seven seas, an evil index,
The bagpipe-breasted ladies in the deadweed
Blew out the blood gauze through the wound
    of manwax.

VII

Now stamp the Lord's Prayer on a grain of rice,
A Bible-leaved of all the written woods
Strip to this tree: a rocking alphabet,
Genesis in the root, the scarecrow word,
And one light's language in the book of trees.
Doom on deniers at the wind-turned statement.
Time's tune my ladies with the teats of music,
The scaled sea-sawers, fix in a naked sponge
Who sucks the bell-voiced Adam out of magic,

VI

Vignetta di squarci sul cratere solcato dalle maree,
Egli in un libro d'acqua dagli occhi di sego
Separò a luce di lava le vocali ostriche
E il silenzio marino bruciò sopra un lucignolo di
    parole.
Becca, gallo, il mio occhio di mare, disse la scrittura
    della medusa,
Taglia, amore, la mia lingua forcuta, disse l'ortica
    spillo-collinosa;
E l'amore divelse l'occhio della pungente sirena,
Vecchio gallo venuto dal nulla recise la lingua
Menestrella finché non soffiai sego dalla torre di cera,
I grassi della mezzanotte, mentre cantava il sale;
Adamo, buffone del tempo, su una strega di cartone
Sillabò i sette mari, un indice maligno,
E le signore con le mammelle a cornamusa in lutto
Spensero la garza di sangue nella ferita della cera
    umana.

VII

Ora stampiglia la preghiera del Signore su un grano di
    riso,
Un fascicolo di Bibbia di tutti i legni scritti
Strappa a quest'albero: un alfabeto che oscilla,
Genesi nella radice, parola spaventapasseri,
E un linguaggio di luce nel libro degli alberi.
Condanna coloro che negano alla dichiarazione
    travolta dal vento.
Il tempo è melodia mie signore con tette di musica,
Squamate segatrici del mare, fissate in una spugna
Nuda evocante Adamo di voce argentina fuori dalla
    magia,

Time, milk, and magic, from the world beginning.
Time is the tune my ladies lend their heartbreak,
From bald pavilions and the house of bread
Time tracks the sound of shape on man and cloud,
On rose and icicle the ringing handprint.

VIII

This was the crucifixion on the mountain,
Time's nerve in vinegar, the gallow grave
As tarred with blood as the bright thorns I wept;
The world's my wound, God's Mary in her grief,
Bent like three trees and bird-papped through her shift,
With pins for teardrops is the long wound's woman.
This was the sky, Jack Christ, each minstrel angle
Drove in the heaven-driven of the nails
Till the three-coloured rainbow from my nipples
From pole to pole leapt round the snail-waked world
I by the tree of thieves, all glory's sawbones,
Unsex the skeleton this mountain minute,
And by this blowclock witness of the sun
Suffer the heaven's children through my heartbeat.

Tempo, latte, e magia, dal mondo primigenio. È il
    tempo
La melodia alla quale le mie signore prestano
Il loro crepacuore, dai padiglioni calvi e dalla casa di
    pane,
Tempo che traccia il suono della forma sull'uomo e
    sulla nuvola,
Sulla rosa e sul ghiacciolo la risonante impronta della
    mano.

VIII

Questa fu la crocefissione sulla montagna,
Nervo del tempo [13] in aceto, tomba patibolare
    incatramata
Di sangue quanto le splendide spine che piansi;
Il mondo è la mia ferita, Dio Maria nel suo dolore,
Curva come tre alberi e i seni di colomba [14] palpitanti
Attraverso la veste, con spilli per gocce di lacrime [15],
Questa è la donna dalla lunga piaga.
Ed era questo il cielo, Cristognuno [16], che gli angoli
    menestrelli
Cacciarono nel celeste condotto dei chiodi finché
L'arcobaleno tricolore [17] da polo a polo balzò dai miei
    capezzoli
Attorno al mondo vegliato da lumache. Presso l'albero
    dei ladri,
Io segaossi di tutta la gloria privo di sesso lo scheletro
In questo minuto montagna, e presso l'orologio a
    soffio [18] testimone
Del sole sostengo i fanciulli del cielo col battito del
    cuore.

IX

From the oracular archives and the parchment,
Prophets and fibre kings in oil and letter,
The lamped calligrapher, the queen in splints,
Buckle to lint and cloth their natron footsteps,
Draw on the glove of prints, dead Cairo's henna
Pour like a halo on the caps and serpents.
This was the resurrection in the desert,
Death from a bandage, rants the mask of scholars
Gold on such features, and the linen spirit
Weds my long gentleman to dusts and furies;
With priest and pharaoh bed my gentle wound,
World in the sand, on the triangle landscape,
With stones of odyssey for ash and garland
And rivers of the dead around my neck.

X

Let the tale's sailor from a Christian voyage
Atlaswise hold half-way off the dummy bay
Time's ship-racked gospel on the globe I balance:
So shall winged harbours through the rockbirds' eyes
Spot the blown word, and on the seas I image
December's thorn screwed in a brow of holly.
Let the first Peter from a rainbow's quayrail

IX

Dagli archivi oracolari e dalla pergamena,
Profeti e re di fibra in olio e lettera,
Il lampeggiato calligrafo e la regina a schegge,
Passi di natron affibbiano a stoffa e lanugine,
Indossano il guanto delle impronte, l'henna del morto
    Cairo
Versano come aureola su cappucci e serpi.
Questa fu la resurrezione nel deserto,
La morte da una benda, la maschera dei dotti
Che grida rauca oro su simili fattezze, e lo spirito di
    lino
Che sposa il mio lungo signore a furie e polveri;
La mia gentile ferita si corica con prete e faraone,
Il mondo nella sabbia, sul paesaggio triangolare,
Con pietre d'odissea per cenere e ghirlanda
Ed i fiumi dei morti attorno al collo.

X

Che il marinaio della favola da un viaggio cristiano
Come Atlante si tenga a mezza via dal finto golfo
E il vangelo del tempo stivato io lo possa tenere in
    equilibrio
Sul globo: e così porti alati per gli occhi d'uccelli
    rupestri
Scorgeranno la parola soffiata, e sopra i mari io
    possa immaginare
La spina di Dicembre avvitata in una fronte
    d'agrifoglio.
Da un parapetto del molo dell'arcobaleno il primo
    Pietro

Ask the tall fish swept from the bible east,
What rhubarb man peeled in her foam-blue channel
Has sown a flying garden round that sea-ghost?
Green as beginning, let the garden diving
Soar, with its two bark towers, to that Day
When the worm builds with the gold straws of venom
My nest of mercies in the rude, red tree.

Chieda pure all'alto pesce spazzato dal biblico oriente
Che uomo di rabarbaro sbucciato nel suo canale di
   schiuma azzurra
Ha seminato un giardino volante attorno a quello
   spettro di mare.
Verde come il principio, lasciate che il giardino si lanci
A tuffo, con le due torri di corteccia, verso quel Giorno
In cui il verme costruirà con le pagliuzze d'oro
   del veleno
Nel rude albero rosso il nido delle mie misericordie.

A refusal to mourn the death,
by fire, of a child in London

Never until the mankind making
Bird beast and flower
Fathering and all humbling darkness
Tells with silence the last light breaking
And the still hour
Is come of the sea tumbling in harness

And I must enter again the round
Zion of the water bead
And the synagogue of the ear of corn
Shall I let pray the shadow of a sound
Or sow my salt seed
In the least valley of sackcloth to mourn

The majesty and burning of the child's death.
I shall not murder
The mankind of her going with a grave truth
Nor balspheme down the stations of the breath
With any further
Elegy of innocence and youth.

Deep with the first dead lies London's daughter,
Robed in the long friends,
The grains beyond age, the dark veins of her mother
Secret by the unmourning water
Of the riding Thames.
After the first death, there is no other.

Una rinuncia a piangere la morte,
per fuoco, di una bimba a Londra [1]

Mai finché il buio che genera uomo
Uccello bestia e fiore
Buio paterno che ogni cosa umilia
L'ultima luce frangente racconti col silenzio
E l'immobile ora
Giunga dal mare che nelle briglie s'agita

E io debba rientrare nella sferica
Sion della perla d'acqua
E nella sinagoga della spiga di grano
Mai lascerò pregare l'ombra di un suono
O seminare il mio seme di sale
Nella più piccola valle di saio per piangere

La maestà e le fiamme della morte della bimba.
Io non assassinerò
L'umanità della sua dipartita con una grave verità
Né abbatterò bestemmiando le stazioni del respiro
Con un'altra
Elegia d'innocenza e giovinezza.

Profonda con i primi morti giace la figlia di Londra
Ravvolta nei suoi lunghi amici,
I grani senza età, le oscure vene di sua madre,
Segreta presso la non lamentevole acqua
Del cavalcante Tamigi.
Dopo la prima morte non ne esiste altra [2].

Love in the asylum

A stranger has come
To share my room in the house not right in the head,
A girl mad as birds

Bolting the night of the door with her arm her plume.
Strait in the mazed bed
She deludes the heaven-proof house with entering
clouds

Yet she deludes with walking the nightmarish room,
At large as the dead,
Or rides the imagined oceans of the male wards.

She has come possessed
Who admits the delusive light through the bouncing
wall,
Possessed by the skies

She sleeps in the narrow trough yet she walks the dust
Yet raves at her will
On the madhouse boards worn thin by my walking
tears.

And taken by light in her arms at long and dear last
I may without fail
Suffer the first vision that set fire to the stars.

Amore in manicomio [1]

È venuta un'estranea a condividere
La mia stanza in questa casa
Fuori di testa, una ragazza matta
Come gli uccelli, a sbarrare la notte della porta
            col braccio, con le piume.
                    Costretta
Al letto dei deliri, subito elude questa casa a prova
Di cielo con nubi che irrompono, elude
Camminando la stanza da incubo, come
L'avanti e indietro dei morti, o cavalca
Oceani immaginati di corsie maschili.
    È venuta da me come invasata
Lei che consente alla luce ingannevole
Di penetrare dal muro che rimbalza,
                    Invasata dai cieli
Lei che dorme nel truogolo stretto
    E tuttavia cammina sulla polvere,
        E a suo piacere vaneggia sull'assito
Del manicomio consunto dai passi
    Delle mie lacrime. E infine
Preso nelle sue braccia dalla luce, in un caro
Infine ecco riesco a sopportare
Senza più alcun timore la prima visione
                    Che dava fuoco alle stelle.

In my craft or sullen art

In my craft or sullen art
Exercised in the still night
When only the moon rages
And the lovers lie abed
With all their griefs in their arms,
I labour by singing light
Not for ambition or bread
Or the strut and trade of charms
On the ivory stages
But for the common wages
Of their most secret heart.

Not for the proud man apart
From the raging moon I write
On these spindrift pages
Nor for the towering dead
With their nightingales and psalms
But for the lovers, their arms
Round the griefs of the ages,
Who pay no praise or wages
Nor heed my craft or art.

Nel mio mestiere, ovvero arte scontrosa
Che nella quiete della notte esercito
Quando solo la luna effonde rabbia
E gli amanti si giacciono nel letto
Tenendo fra le braccia ogni dolore,
A una luce che canta mi affatico,
E non per ambizione, non per pane,
Né per superbia o traffico di grazie
Su qualche palcoscenico d'avorio,
Ma solo per la paga consueta
Del loro sentimento più segreto.

Non è per il superbo che si apparta
Dalla luna infuriata che io scrivo
Su questa spruzzaglia di pagine,
E non per i defunti che torreggiano
Con i loro usignoli e i loro salmi,
Ma solo per gli amanti che trattengono
Fra le braccia i dolori delle età,
E non offrono lodi né compensi,
Indifferenti al mio mestiere o arte.

I

Who
Are you
Who is born
In the next room
So loud to my own
That I can hear the womb
Opening and the dark run
Over the ghost and the dropped son
Behind the wall thin as a wren's bone?
In the birth bloody room unknown
To the burn and turn of time
And the heart print of man
Bows no baptism
But dark alone
Blessing on
The wild
Child.

Visione e preghiera [1]

I

Chi
S e i   t u
Che vieni generato
Nella   stanza   accanto
Alla   mia   così   rumoroso
Ch'io   posso   udire   il   grembo
A p r i r s i   e   i l   b u i o   s c o r r e r e
Sopra il fantasma e il figlio rovesciato
Oltre il muro sottile come un osso di scricciolo?
Nella stanza sanguinosa di nascita ignoto
Al bruciare ed al volgersi del tempo
E all'impronta del cuore dell'uomo
Nessun battesimo si inchina
Ma   oscurità   soltanto
Porge benedizione
Al   selvaggio
Bimbo.

I
Must lie
Still as stone
By the wren bone
Wall hearing the moan
Of the mother hidden
And the shadowed head of pain
Casting to-morrow like a thorn
And the midwives of miracle sing
Until the turbulent new born
Burns me his name and his flame
And the winged wall is torn
By his torrid crown
And the dark thrown
From his loin
To bright
Light.

Io
Devo giacere
Fermo come pietra
Accanto al muro d'osso
Di scricciolo il gemito
Della nascosta madre udendo
E l'ombreggiato capo del dolore
Che come spina scaglia il domani
E cantano le levatrici del miracolo
Finché il turbolento neonato mi
Brucia il suo nome e la sua fiamma
E il muro alato è strappato dalla
Sua torrida corona e oscurità
Gettata dai suoi lombi
Verso la fulgida
Luce.

When
The wren
Bone writhes down
And the first dawn
Furied by his stream
Swarms on the kingdom come
Of the dazzler of heaven
And the splashed mothering maiden
Who bore him with a bonfire in
His mouth and rocked him like a storm
I shall run lost in sudden
Terror and shining from
The once hooded room
Crying in vain
In the caldron
Of his
Kiss.

Quando
L'osso di
Scricciolo si attorciglia
E la prima alba
Infuriata dal suo flutto
Si spande sul regno avvenire
Dell'abbagliatore del Cielo
E la vergine irrorata appena madre
Che lo generò con un falò dentro
La bocca e lo cullò come tempesta
Io correrò perduto in improvviso
Terrore e splendore dalla
Stanza un tempo velata
Piangendo invano
Nel calderone
Del suo
Bacio.

In
The spin
Of the sun
In the spuming
Cyclone of his wing
For I was lost who am
Crying at the man drenched throne
In the first fury of his stream
And the lightnings of adoration
Back to black silence melt and mourn
For I was lost who have come
To dumbfounding haven
And the finding one
And the high noon
Of his wound
Blinds my
Cry.

Nel
Vorticare
Del   sole
Nello spumeggiante
Ciclone della sua ala
Poiché ero perduto io che sto
Piangendo al trono intriso d'uomo
Nella prima furia del suo flusso
E i fulmini dell'adorazione tornano
A fondersi in nero silenzio e piangono
Poiché ero perduto io che sono giunto
A un porto di stupefazione
E a colui che trova
E l'alto meriggio
Della sua ferita
Acceca il mio
Grido.

There
Crouched bare
In the shrine
Of his blazing
Breast I shall waken
To the judge blown bedlam
Of the uncaged sea bottom
The cloud climb of the exhaling tomb
And the bidden dust upsailing
With his flame in every grain.
O spiral of ascension
From the vultured urn
Of the morning
Of man when
The land
And

Laggiù
Nudo accucciato
Nel santuario
Del suo fiammeggiante
Seno mi desterò
A un tumulto di squille giudicanti
Del fondo marino sgabbiato
Alla ascesa di nuvola dell'esalante tomba
E alla polvere comandata che alta vola
Con la sua fiamma dentro ogni granello.
O spirale di ascensione
Dall'urna di avvoltoi
Della mattina
Dell'uomo quando
La terra
E

The
Born sea
Praised the sun
The finding one
And upright Adam
Sang upon origin!
O the wings of the children!
The woundward flight of the ancient
Young from the canyons of oblivion!
The sky stride of the always slain
In battle! the happening
Of saints to their vision!
The world winding home!
And the whole pain
Flows open
And I
Die.

Il
Mare nato
Benedissero il sole
Colui che scopre
E ritto in piedi Adamo
Cantò dell'origine!
Oh le ali dei fanciulli!
Il volo verso la ferita degi antichi
Giovani dalle forre dell'oblio!
Il passo celeste del sempre ucciso
In battaglia! L'incontro
Dei santi con la loro visione
Il mondo che torna all'origine!
E l'intero dolore
Fluisce aperto
Ed io
Muoio.

II

In the name of the lost who glory in
The swinish plains of carrion
Under the burial song
Of the birds of burden
Heavy with the drowned
And the green dust
And bearing
The ghost
From
The ground
Like pollen
On the black plume
And the beak of slime
I pray though I belong
Not wholly to that lamenting
Brethren for joy has moved within
The inmost marrow of my heart bone

II

Nel nome dei perduti che si gloriano nelle
Pianure insozzate di carogne
Sotto il funebre canto
Degli uccelli da soma
Carichi di annegati
E di polvere verde
E portanti
Lo spirito
Dalla
Terra
Come polline
Sulla nera piuma
E sul becco di fango
Io prego sebbene non appartenga
Del tutto a quei dolenti
Fratelli poiché la gioia è penetrata
Nel midollo più intimo dell'osso del mio cuore

That he who learns now the sun and moon
Of his mother's milk may return
Before the lips blaze and bloom
To the birth bloody room
Behind the wall's wren
Bone and be dumb
And the womb
That bore
For
All men
The adored
Infant light or
The dazzling prison
Yawn to his upcoming.
In the name of the wanton
Lost on the unchristened mountain
In the centre of dark I pray him

Poiché colui che ora impara sole e luna
Del latte di sua madre possa tornare
Avanti che le labbra fiammeggino e
Fioriscano alla stanza sanguinante
Della nascita oltre l'osso di scricciolo
Del muro e sia muto
E il grembo che
G e n e r ò
Per
Tutti gli uomini
L a l u c e i n f a n t e
A d o r a t a oppure la
Prigione tutta abbagliante
S'apra al suo avvento.
N e l n o m e d e i d i s s o l u t i
Sperduti sul monte non battezzato
Nel centro dell'oscurità io lo prego

That he let the dead lie though they moan
For his briared hands to hoist them
To the shrine of his world's wound
And the blood drop's garden
Endure the stone
Blind host to sleep
In the dark
And deep
Rock
Awake
No heart bone
But let it break
On the mountain crown
Unbidden by the sun
And the beating dust be blown
Down to the river rooting plain
Under the night forever falling.

Che lasci i morti giacere sebbene implorino
Che le sue mani di rovo li sollevino
Al santuario della sua cosmica ferita
E giardino di goccia di sangue
Sopporti che la pietrosa
Cieca ospite dorma
Nella buia e
Profonda
Roccia
Non svegli
L'osso del cuore
Ma lo lasci rompersi
Sulla vetta montana
Non chiamato dal sole
E la polvere palpitante sia soffiata
Giù fino alla pianura che radica il fiume
Sotto la notte che perpetua cade.

Forever falling night is a known
Star and country to the legion
Of sleepers whose tongue I toll
To mourn his deluging
Light through sea and soil
And we have come
To know all
Places
Ways
Mazes
Passages
Quarters and graves
Of the endless fall.
Now common lazarus
Of the charting sleepers prays
Never to awake and arise
For the country of death is the heart's size

La notte per sempre cadente è una nota
Stella e contrada alla legione dei
Dormienti la cui lingua rintocco
A piangere la sua diluviante
Luce attraverso mare e suolo
E noi siamo venuti
Per conoscere tutti
I luoghi
Le vie
I labirinti
I corridoi
I quartieri e le tombe
Dell'infinita caduta.
Ora il comune lazzaro dei dormienti
Che tracciano mappe prega
Di non svegliarsi e risorgere mai
Poiché il paese della morte ha vastità di cuore

And the star of the lost the shape of the eyes.
In the name of the fatherless
In the name of the unborn
And the undesirers
Of midwiving morning's
Hands or instruments
O in the name
Of no one
Now or
No
One to
Be I pray
May the crimson
Sun spin a grave grey
And the colour of clay
Stream upon his martyrdom
In the interpreted evening
And the known dark of the earth amen.

E la stella dei perduti la forma degli occhi.
Nel nome dei senza padre
Nel nome dei non nati
E di coloro che non desiderano
Le mani o gli strumenti
Del mattino levatrice
Oh nel nome
Di nessuno
Ora o di
Nes-
Suno a
Venire io prego
Possa il cremisi
Sole filare un grave grigio
E il colore dell'argilla
Fluire sul suo martirio
Nella sera interpretata
E nel buio conosciuto della terra amen.

I turn the corner of prayer and burn
In a blessing of the sudden
Sun. In the name of the damned
I would turn back and run
To the hidden land
But the loud sun
Christens down
The sky.
I
Am found.
O let him
Scald me and drown
Me in his world's wound.
His lightning answers my
Cry. My voice burns in his hand.
Now I am lost in the blinding
One. The sun roars at the prayer's end.

Io volto l'angolo della preghiera e brucio
In una benedizione dell'improvviso
Sole. Nel nome dei dannati
Vorrei volgermi e correre
Alla terra nascosta
Ma il sole chiassoso
Giù battezza
Il   cielo.
Io
Sono trovato.
Oh lasciate che egli
Mi bruci e anneghi
Nella sua cosmica ferita.
Il suo fulmine risponde al mio
Grido. La mia voce brucia nella sua mano.
Ora io sono perduto in colui che acceca.
Il sole rugge alla fine della preghiera.

Ballad of the long-legged bait

The bows glided down, and the coast
Blackened with birds took a last look
At his trashing hair and whale-blue eye;
The trodden town rang its cobbles for luck.

Then good-bye to the fishermanned
Boat with its anchor free and fast
As a bird hooking over the sea,
High and dry by the top of the mast,

Whispered the affectionate sand
And the bulwarks of the dazzled quay.
For my sake sail, and never look back,
Said the looking land.

Sails drank the wind, and white as milk
He sped into the drinking dark;
The sun shipwrecked west on a pearl
And the moon swam out of its hulk.

Funnels and masts went by in a whirl.
Good-bye to the man on the sea-legged deck
To the gold gut that sings on his reel
To the bait that stalked out of the sack,

Ballata dell'esca dalle gambe lunghe [1]

La prua scivolava in avanti, e la costa
Diede un ultimo sguardo oscurata da uccelli
Ai suoi capelli sferzanti e all'occhio blu-balena;
La città calpestata acciottolò un augurio di fortuna.

Allora addio al battello con il suo equipaggio
Di pescatori, con l'àncora libera e ferma
Come un uccello uncinato sul mare,
Accanto alla cima dell'albero secca e svettante,

Mormorarono allora la sabbia affettuosa
E le murate del molo abbagliate di sole.
Salpa per me, non ti guardare indietro,
Disse la terra che stava osservando.

Le vele bevvero il vento e bianco come latte
Egli veloce si gettò nel buio avido;
Il sole naufragò a occidente su una perla
E la luna uscì a nuoto dalla sua carcassa.

Alberi e ciminiere fluirono in un vortice.
Addio all'uomo sul ponte che barcolla,
Alla lenza dorata che canta sul suo molinello,
All'esca che zampando uscì fuori dal sacco,

For we saw him throw to the swift flood
A girl alive with his hooks through her lips;
All the fishes were rayed in blood,
Said the dwindlings ships.

Good-bye to chimneys and funnels,
Old wives that spin in the smoke,
He was blind to the eyes of candles
In the praying windows of waves

But heard his bait buck in the wake
And tussle in a shoal of loves.
Now cast down your rod, for the whole
Of the sea is hilly with whales,

She longs among horses and angels,
The rainbow-fish bend in her joys,
Floated the lost cathedral
Chimes of the rocked buoys.

Where the anchor rode like a gull
Miles over the moonstruck boat
A squall of birds bellowed and fell,
A cloud blew the rain from its throat;

He saw the storm smoke out to kill
With fuming bows and ram of ice,
Fire on starlight, rake Jesus's stream;
And nothing shone on the water's face

But the oil and bubble of the moon,
Plunging and piercing in his course
The lured fish under the foam
Witnessed with a kiss.

Poiché lo vedemmo lanciare sul veloce flutto
Una fanciulla viva con i suoi ami piantati nelle labbra;
E tutti i pesci nel sangue irradiarono,
Dissero allora i vascelli allontanandosi.

Addio alle ciminiere e ai camini,
Vecchie comari che filano nel fumo,
Egli era cieco ad occhi di candele
Nelle preganti finestre dell'onde

Ma udiva la sua esca sgroppare nella scia
E azzuffarsi in un branco d'amanti.
Getta via la tua canna, poiché il mare
È tutto collinoso di balene,

E lei smania fra cavalli ed angeli,
Il pesce-arcobaleno inclina alle sue gioie,
Disse lo scampanio da cattedrale
Sommersa delle boe che si cullavano.

Dove come un gabbiano cavalcava l'àncora
Per miglia sulla barca stregata dalla luna
Una folata d'uccelli si gettò con strepiti,
Pioggia soffiò una nube dalla propria gola;

Vide il fumo omicida della bufera avventarsi
Con prue furiose e sperone di ghiaccio,
Far fuoco su luce stellare, erpicando la rapida di Cristo;
E nulla risplendeva sul viso dell'acqua

Se non l'olio e la bolla della luna,
Nella sua rotta tuffandosi e immergendosi
Sotto la schiuma l'adescato pesce
Dava testimonianza con un bacio.

Whales in the wake like capes and Alps
Quaked the sick sea and snouted deep,
Deep the great bushed bait with raining lips
Slipped the fins of those humpbacked tons

And fled their love in a weaving dip.
Oh, Jericho was falling in their lungs!
She nipped and dived in the nick of love,
Spun on a spout like a long-legged ball

Till every beast blared down in a swerve
Till every turtle crushed from his shell
Till every bone in the rushing grave
Rose and crowed and fell!

Good luck to a the hand on the rod,
There is thunder under its thumbs;
Gold gut is a lightning thread,
His fiery reel sings off its flames,

The whirled boat in the burn of his blood
Is crying from nets to knives,
Oh the shearwater birds and their boatsized brood
Oh the bulls of Biscay and their calves

Are making under the green, laid veil
The long-legged beautiful bait their wives.
Break the black news and paint on a sail
Huge weddings in the waves,

Over the wakeward-flashing spray
Over the gardens of the floor
Clash out the mounting dolphin's day,
My mast is a bell-spire,

Balene nella scia simili a promontori ed Alpi
Squassavano il mare ammalato sbuffando profonde,
Folta nel fondo con labbra sgoccianti l'esca grande
Schivava le pinne di quelle tonnellate gibbose

E nel meandro di un tuffo sfuggiva il loro amore.
Oh, Gerico stava cadendo nei loro polmoni!
Ella abboccò e si immerse nel lampo dell'amore,
E vorticò su un soffio come una palla dalle gambe
  lunghe

Finché ogni animale stridette in uno scarto
Finché ogni tartaruga ruppe la sua corazza
Finché ogni osso nella tomba precipitosa
Non si levò, non esultò e ricadde!

Buona fortuna alla mano sulla canna,
Sotto i suoi pollici è il tuono;
La lenza d'oro è un filo lampeggiante,
Il suo infuocato rocchetto sprigiona fiamme cantando,

Il turbinante battello nell'ardore del sangue
Dalle reti ai coltelli ora grida,
Oh i puffini che fendono l'acqua e la loro covata
  naviforme
Oh i tori di Biscaglia coi loro Torelli

Sotto il disteso e verde velo s'ammogliano
Con l'esca bella dalle gambe lunghe.
Rivela la nera notizia e dipingi su una vela
Gli immensi sposalizi nelle onde,

Sopra lo spruzzo che splende
Verso la scia sui giardini del fondo
Strepita il risalente giorno del delfino,
Il mio albero maestro è un campanile,

Strike and smoothe, for my decks are drums,
Sing through the water-spoken prow
The octopus walking into her limbs
The polar eagle with his tread of snow.

From salt-lipped beak to the kick of the stern
Sing how the seal has kissed her dead!
The long, laid minute's bride drifts on
Old in her cruel bed.

Over the graveyard in the water
Mountains and galleries beneath
Nightingale and hyena
Rejoicing for that drifting death

Sing and howl through sand and anemone
Valley and sahara in a shell,
Oh all the wanting flesh his enemy
Thrown to the sea in the shell of a girl

Is old as water and plain as an eel;
Always good-bye to the long-legged bread
Scattered in the paths of his heels
For the salty birds fluttered and fed

And the tall grains foamed in their bills;
Always good-bye to the fires of the face,
For the crab-backed dead on the sea-bed rose
And scuttled over her eyes,

The blind, clawed stare is cold as sleet.
The tempter under the eyelid
Who shows to the selves asleep
Mast-high moon-white women naked

Colpisci e attutisci, i miei ponti sono tamburi,
Canta attraverso la prua chiacchiera d'acqua
Il polpo che s'addentra alle sue membra
E l'aquila polare col suo accoppiamento di neve.

Dal suo rostro di labbra salmastre alla poppa che
    sbalza
Canta come la foca ha baciato una morta!
La lunga, distesa sposa dell'attimo va alla deriva
Antica nel suo letto crudele.

Sul cimitero dell'acqua
Montagne e gallerie giù nel profondo
La iena e l'usignolo si rallegrano
Per quella morte che va alla deriva,

Attraverso la sabbia e l'anemone urlano e cantano
Valle e sahara dentro una conchiglia,
Oh tutta la carne che brama il suo nemico
Gettata in mare nella conchiglia d'una fanciulla

È antica come l'acqua, liscia come un'anguilla;
Addio per sempre al pane dalle gambe lunghe
Disperso nei sentieri delle sue calcagna
Poiché i salmastri uccelli svolarono e si nutrirono

E i grandi chicchi schiumarono nei loro becchi;
E sempre addio alle fiamme del suo volto,
Perché i morti schienadigranchio sul letto del mare
Risorsero e s'avventarono ai suoi occhi,

Il cieco unghiato sguardo è freddo come nevischio.
Il tentatore che sotto le palpebre
Mostra ai sé addormentati donne nude
Bianche come la luna e alte come l'albero

Walking in wishes and lovely for shame
Is dumb and gone with his flame of brides.
Sussanah's drowned in the bearded stream
And no-one stirs at Sheba's side

But the hungry kings of the tides;
Sin who had a woman's shape
Sleeps till Silence blows on a cloud
And all the lifted waters walk and leap.

Lucifer that bird's dropping
Out of the sides of the north
Has melted away and is lost
Is always lost in her vaulted breath,

Venus lies star-struck in her wound
And the sensual ruins make
Seasons over the liquid world,
White springs in the dark.

Always good-bye, cried the voices through the shell,
Good-bye always for the flesh is cast
And the fisherman winds his reel
With no more desire than a ghost.

Always good luck, praised the finned in the feather
Bird after dark and the laughing fish
As the sails drank up the hail of thunder
And the long-tailed lightning lit his catch.

The boat swims into the six-year weather,
A wind throws a shadow and it freezes fast.
See what the gold gut drags from under
Mountains and galleries to the crest!

Muoversi piene di desiderio, più belle di vergogna,
È muto e dipartito con la sua fiamma di spose.
Susanna [2] è annegata nella barbuta corrente
E nessuno si muove accanto a Saba [3]

Se non gli affamati regnanti delle maree;
Il peccato [4] che aveva forma di donna
Dorme finché il Silenzio soffi su una nuvola
E tutte l'acque sommesse procedano e balzino.

Lucifero, quell'escremento d'uccello
Colato dai fianchi del nord
S'è disfatto e scomparso
Per sempre s'è perduto nella volta del suo respiro,

Venere giace stregata di stelle nella sua ferita
E le rovine sensuali creano
Stagioni sul liquido mondo,
Il bianco sorge nel buio. Addio

Per sempre, gridarono le voci attraverso la conchiglia,
Addio per sempre poiché la carne è gettata
E il pescatore avvolge il suo rocchetto
Con non più desiderio di uno spettro.

Buona fortuna per sempre, inneggiò l'uccello dalle
    pinne
Di piuma dopo l'imbrunire ed il pesce ridente
Quando le vele bevvero la grandine del tuono
E il fulmine lungocodato illuminò la sua preda.

Nella bufera che dura sei anni il battello procede,
Un vento scaglia un'ombra e gela rapido.
Vedi la lenza d'oro cosa estrae dal fondo
Di monti e gallerie fino alla cresta!

See what clings to hair and skull
As the boat skims on with drinking wings!
The statues of great rain stand still,
And the flakes fall like hills.

Sing and strike his heavy haul
Toppling up the boatside in a snow of light!
His decks are drenched with miracles.
Oh miracle of fishes! The long dead bite!

Out of the urn the size of a man
Out of the room the weight of his trouble
Out of the house that holds a town
In the continent of a fossil

One by one in dust and shawl,
Dry as echoes and insect-faced,
His fathers cling to the hand of the girl
And the dead hand leads the past.

Leads them as children and as air
On to the blindly tossing tops;
The centuries throw back their hair
And the old men sing from newborn lips:

Time is bearing another son.
Kill Time! She turns in her pain!
The oak is felled in the acorn
And the hawk in the egg kills the wren.

He who blew the great fire in
And died on a hiss of flames
Or walked on the earth in the evening
Counting the denials of the grains

Vedi cosa s'aggrappa ai capelli ed al cranio
Mentre il battello scivola con ali che bevono!
Le statue della grande pioggia stanno immote,
Come colline fiocchi di neve precipitano.

Canta ed arpeggia la sua retata pesante che trabocca
Sulla fiancata del battello in una neve di luce!
I suoi ponti sono imbevuti di miracoli.
Oh miracolo dei pesci! L'esca da tempo morta!

Da un'urna a misura di uomo
Da una stanza greve come il suo cruccio
Da una casa che contiene una città
Nel continente di un fossile

Uno per uno in polvere e sudario
Aridi come echi e con faccia d'insetto,
I suoi padri s'aggrappano alla mano della fanciulla
E la mano defunta conduce il passato.

Come fanciulli li conduce e come aria
Sulle vette che ciecamente si scuotono;
I secoli arrovesciano i capelli
E i vecchi cantano con labbra neonate:

Il tempo partorisce un altro figlio.
Morte al tempo! Lei si torce nel suo dolore!
La quercia è abbattuta nella ghianda
E il falco uccide lo scricciolo nell'uovo [5].

Colui che attizzò il grande fuoco
E morì sopra un sibilo di fiamme
O camminò sulla terra nella sera
Addizionando il rifiuto dei semi

Clings to her drifting hair, and climbs;
And he who taught their lips to sing
Weeps like the risen sun among
The liquid choirs of his tribes.

The rod bends low, divining land,
And through the sundered water crawls
A garden holding to her hand
With birds and animals

With men and women and waterfalls
Trees cool and dry in the whirlpool of ships
And stunned and still on the green, laid veil
Sand with legends in its virgin laps

And prophets loud on the burned dunes;
Insects and valleys hold her thighs hard,
Time and places grip her breast bone,
She is breaking with seasons and clouds;

Round her trailed wrist fresh water weaves,
With moving fish and rounded stones
Up and down the greater waves
A separate river breathes and runs;

Strike and sing his catch of fields
For the surge is sown with barley,
The cattle graze on the covered foam,
The hills have footed the waves away,

With wild sea fillies and soaking bridles
With salty colts and gales in their limbs
All the horses of his haul of miracles
Gallop through the arched, green farms,

S'inerpica e s'aggrappa ai suoi capelli fluenti;
E colui che insegnò alle sue labbra a cantare
Come il sole che è sorto ora piange
Fra i liquidi cori delle sue tribù.

La canna si piega, divinando la terra,
Ed attraverso l'acqua spartita in due si trascina
Un giardino che si regge alla sua mano
Pieno d'uccelli e animali

E uomini e donne e cascate
Alberi freschi e asciutti nel gorgo delle navi
Ed attonita e immobile sul verde velo deposto
La sabbia con leggende nel suo grembo vergine

E profeti che gridano sulle dune bruciate;
Insetti e valli serrano le sue cosce,
Il tempo e i luoghi stringono il suo sterno,
Di stagioni e di nubi ella prorompe; l'acqua

Dolce vortica attorno al polso trascinato
Con dinamici pesci e pietre tondeggianti
Su e giù nei flutti immensi
Un fiume separato ansima e corre;

Arpeggia e canta la sua retata di campi
Poiché i marosi sono seminati d'orzo,
La mandria pascola sulla schiuma coperta,
Le colline hanno spostato coi piedi le onde,

Con selvagge puledre marine e con briglie inzuppate
Con puledri salmastri e con bufere nelle loro membra
Tutti i cavalli della sua pesca miracolosa
Galoppano per verdi fattorie arcuate,

Trot and gallop with gulls upon them
And thunderbolts in their manes.
O Rome and Sodom To-morrow and London
The country tide is cobbled with towns,

And steeples pierce the cloud on her shoulder
And the streets that the fisherman combed
When his long-legged flesh was a wind on fire
And his loin was a hunting flame

Coil from the thoroughfares of her hair
And terribly lead him home alive
Lead her prodigal home to his terror,
The furious ox-killing house of love.

Down, down, down, under the ground,
Under the floating villages,
Turns the moon-chained and water-wound
Metropolis of fishes,

There is nothing left of the sea but its sound,
Under the earth the loud sea walks,
In deathbeds of orchards the boat dies down
And the bait is drowned among hayricks,

Land, land, land, nothing remains
Of the pacing, famous sea but its speech,
And into its talkative seven tombs
The anchor dives through the floors of a church.

Good-bye, good luck, struck the sun and the moon,
To the fisherman lost on the land.
He stands alone at the door of his home,
With his long-legged heart in his hand.

E trottano e galoppano con sopra i gabbiani
E con i fulmini nelle criniere.
Oh Roma e Sodoma Domani e Londra [6]
La marea della terra è selciata di città,

E i campanili penetrano la nuvola sulla spalla di lei
E le strade che il pescatore sarchiava
Quando la carne dalle gambe lunghe era un vento di
    fiamme
E i suoi lombi una vampa cacciatrice

Si snodano dai viali dei suoi capelli
E tremende lo portano vivo alla casa
Portano a casa il prodigo al suo terrore,
Al furioso macello dell'amore.

In fondo, in fondo, in fondo, sotto terra,
Sotto i villaggi galleggianti,
Incatenata dalla luna e fasciata dall'acqua
Vortica la metropoli dei pesci,

Più nulla rimane del mare se non il suo suono,
Sotto la terra il clamoroso mare cammina,
Sui catafalchi dei frutteti decede il battello
E l'esca annega fra i covoni,

Terra, terra, terra, nulla rimane
Dello scorrente, famoso mare se non la sua favella,
E nelle sue sette tombe ciarliere
Fra i pavimenti d'una chiesa l'àncora si tuffa.

Addio, buona fortuna, squillarono il sole e la luna
Al pescatore smarrito in terra ferma.
Egli sta solo alla porta della sua dimora,
E tiene in mano il suo cuore dalle gambe lunghe.

Fern hill

Now as I was young and easy under the apple boughs
About the lilting house and happy as the grass was
          green,
  The night above the dingle starry,
    Time let me hail and climb
  Golden in the heydays of his eyes.
And honoured among wagons I was prince of the apple
          towns
And once below a time I lordly had the trees and leaves
    Trail with daisies and barley
  Down the rivers of the windfall light.

And as I was green and carefree, famous among the
          barns
About the happy yard and singing as the farm was
          home,
  In the sun that is young once only,
    Time let me play and be
  Golden in the mercy of his means,
And green and golden I was huntsman and herdsman,
          the calves
Sang to my horn, the foxes on the hills barked clear and
          cold,
    And the sabbath rang slowly
  In the pebbles of the holy streams.

Il colle delle felci [1]

Ora quand'ero giovane e semplice sotto i rami del melo
Nella casa sonora e felice essendo l'erba verde,
   La notte radiosa di stelle sulla vallata,
      Il tempo mi lasciava urlare a festa
      E arrampicarmi dorato nella gioia dei suoi occhi,
E onorato fra i carri ero il principe delle città di mele
E tanto tempo fa una volta signorilmente gli alberi e le
                        foglie
      Feci discendere con margherite ed orzo
      Giù per i fiumi della luce abbattuta dal vento.

E come ero verde e senz'anima, famoso nei granai
Vicino al gaio cortile e cantando poiché la fattoria era
                     la casa,
   Nel sole che è giovane solo una volta,
      Il tempo mi lasciava giocare
      Ed essere dorato nella grazia dei suoi mezzi,
E io verde e dorato ero anche pastore e cacciatore, i
                     vitelli
Cantavano al mio corno, le volpi sui colli chiare e
                  fredde latravano,
      E il sabbath risuonava
      Lentamente nei ciottoli dei sacri ruscelli.

All the sun long it was running, it was lovely, the hay
Fields high as the house, the tunes from the chimneys,
was air
And playing, lovely and watery
And fire green as grass.
And nightly under the simple stars
As I rode to sleep the owls were bearing the farm away,
All the moon long I heard, blessed among stables, the
nightjars
Flying with the ricks, and the horses
Flashing into the dark.

And then to awake, and the farm, like a wanderer white
With the dew, come back, the cock on his shoulder: it
was all
Shining, it was Adam and maiden,
The sky gathered again
And the sun grew round that very day.
So it must have been after the birth of the simple light
In the first, spinning place, the spellbound horses
walking warm
Out of the whinnying green stable
On to the fields of praise.

And honoured among foxes and pheasants by the gay
house
Under the new made clouds and happy as the heart was
long,
In the sun born over and over,
I ran my heedless ways,
My wishes raced through the house high hay
And nothing I cared, at my sky blue trades, that time
allows

Per tutto il sole era un correre, una dolcezza, e i campi
Di fieno alti come una casa, le melodie dai camini, era
                    aria
    E un gioco piacevole e d'acqua
        E il fuoco verde come l'erba.
    E a notte, sotto le semplici stelle,
Come nel sonno cavalcavo, le civette portavano la
                    fattoria lontano,
Per tutta la notte di luna ascoltavo, felice fra le stalle, i
                    caprimulghi
    Che con le biche di fieno volavano, e i cavalli
        Nel buio sfolgoranti.

E poi il risveglio, e la fattoria, simile a un pellegrino
                    bianco
Di rugiada, tornava col galletto sulla spalla: tutto era
    Splendente, era Adamo e era vergine,
        Il cielo si raccoglieva di nuovo
    E il sole cresceva rotondo anche quel giorno.
Così dev'essere stato dopo la nascita della semplice luce
Nel primo spazio rotante, gli affascinanti cavalli in
                    corsa caldi
    Fuori dalla nitrente e verde stalla verso
        Le praterie della benedizione.

E onorato fra le volpi e i fagiani presso la casa felice
Sotto le nuvole appena create e gioioso quanto durava
                    il cuore,
    Nel sole nato ripetutamente corsi
        Per le mie strade noncuranti,
    I miei desideri galoppando per il fieno alto
Come una casa e nulla m'importava, nei miei giochi
        azzurro-cielo che il tempo permettesse

In all his tuneful turning so few and such morning
                                        songs
   Before the children green and golden
      Follow him out of grace,

Nothing I cared, in the lamb white days, that time
                                        would take me
Up to the swallow thronged loft by the shadow of my
                                        hand,
   In the moon that is always rising,
      Nor that riding to sleep
   I should hear him fly with the high fields
And wake to the farm forever fled from the childless
                                        land.
Oh as I was young and easy in the mercy of his means,
      Time held me green and dying
      Though I sang in my chains like the sea.

In tutto il suo svolgersi musicale solo poche canzoni del
mattino
Prima che i bimbi verdi e dorati
Fuori dalla sua grazia lo seguissero,

Non mi importava nulla, nei giorni bianco-agnello, che
il tempo m'avrebbe condotto,
Su nel granaio fitto di rondini con l'ombra della mia
mano,
Nella luna che sempre sta sorgendo,
Né che cavalcando nel sonno
L'avrei udito volare insieme ai campi alti
E mi sarei svegliato nella fattoria fuggita ormai dalla
terra senza bimbi.
Oh, quand'ero giovane e semplice nella grazia dei suoi
mezzi,
Verde e morente mi trattenne il tempo
Benché come il mare cantassi nelle mie catene.

Over Sir John's hill

Over Sir John's hill,
The hawk on fire hangs still;
In a hoisted cloud, at drop of dusk, he pulls to his claws
And gallows, up the rays of his eyes the small birds of
    the bay
And the shrill child's play
Wars
Of the sparrows and such whos swansing, dusk, in
    wrangling hedges.
And blithely they squawk
To fiery tyburn over the wrestle of elms until
The flash the noosed hawk
Crashes, and slowly the fishing holy stalking heron
In the river Towy below bows his tilted headstone.

Flash, and the plumes crack,
And a black cap of jack-
Daws Sir John's just hill dons, and again the gulled
    birds hare
To the hawk on fire, the halter height, over Towy's fins,
In a whack of wind.
There
Where the elegiac fisherbird stabs and paddles

Sulla collina di Sir John [1]

Sulla collina di Sir John
Il falco in fiamme immobile è sospeso; in una nuvola
Issata in alto al gocciolio del crepuscolo, attrae
Agli artigli e alle forche, sui raggi dei suoi occhi
I piccoli uccelli nella baia e le infantili stridule
Guerre
Dei passeri e di certi che, crepuscolo, in siepi litigiose
    cantocignano
E con gioia rauchi gridano
All'infiammato patibolo sopra la lotta degli olmi fino a
    che,
Baleno, il falco accalappiante
Strepitando si getta, e lentamente l'airone, che sacro
    incede e pesca
Nel fiume Towy [2], la sua pietra tombale in basso obliqua
    inclina.

Baleno, e crepitano piume,
E un nero berretto di cor-
Nacchie indossa la giusta collina di Sir John, e ancora
    gli uccelli ingannati
Rapidi accorrono al falco in fiamme, cappio
    dell'altezza,
Sopra le pinne del Towy
In uno schiaffo di vento.
Laggiù
Dove elegiaco l'uccello pescatore pugnala e sguazza

In the pebbly dab-filled
Shallow and sedge, and « dilly dilly » calls the loft
    hawk,
« Come and be killed »,
I open the leaves of the water at a passage
Of psalms and shadows among the pincered sandcrabs
    prancing

And read, in a shell,
Death clear as a buoy's bell:
All praise of the hawk on fire in hawk-eyed dusk be
    sung,
When his viperish fuse hangs looped with flames under
    the brand
Wing, and blest shall
Young
Green chickens of the bay and bushes cluck, « dilly
    dilly,
Come let us die ».
We grieve as the blithe birds, never again, leave shingle
    and elm,
The heron and I,
I young Aesop fabling to the near night by the dingle
Of eels, saint heron hymning in the shell-hung distant

Crystal harbour vale
Where the sea cobbles sail,
And wharves of water where the walls dance and the
    white cranes stilt.
It is the heron and I, under judging Sir John's elmed
Hill, tell-tale the knelled
Guilt

Nel ciottoloso bassofondo sazio
Di limanda [3] e di càrici, e « quah quah [4] » chiama
    dall'alto il falco,
« Venite a farvi uccidere »,
Apro i fogli dell'acqua a un passaggio
Di salmi e d'ombre fra i granchi che saltellano pinzuti

E leggo, dentro una conchiglia,
La morte chiara come campana di boa:
Ogni lode del falco nel fuoco nell'occhidifalco
    crespuscolo si canti,
Quando la sua viperea miccia avvolta in fiamme pende
    sotto il tizzone
Dell'ala, e felici
I giovani
E verdi acerbi implumi della baia e dei cespugli
    chiocciano, « pio, pio,
Su, andiamo a morire ».
E noi soffriamo se i gioiosi uccelli, mai più,
    abbandonano l'olmo e la ghiaia,
L'airone e io,
Io come giovane Esopo favoleggiando alla vicina notte
    presso il botro
D'anguille, il sacro airone che inneggia alla distante
    incrostata di conchiglie

Valle del porto cristallina
Dove i ciottoli di mare [5] veleggiano,
E moli d'acqua dove i muri danzano e le gru candide
    sui trampoli si levano.
Siamo l'airone e io, sotto la giudicante collina di Sir
    John
Fitta d'olmi, che raccontiamo la rintoccante funebre
Colpevolezza

Of the led-astray birds whom God, for their breast of
  whistles,
Have mercy on,
God in his whirlwind silence save, who marks the
  sparrows hail,
For their souls' song.
Now the heron grieves in the weeded verge. Through
  windows
Of dusk and water I see the tilting whispering

Heron, mirrored, go,
As the snapt feathers snow,
Fishing in the tear of the Towy. Only a hoot owl
Hollows, a grassblade blown in cupped hands, in the
  looted elms
And no green cocks or hens
Shout
Now on Sir John's hill. The heron, ankling the scaly
Lowlands of the waves,
Makes all the music; and I who hear the tune of the
  slow,
Wear-willow river, grave,
Before the lunge of the night, the notes on this
  time-shaken
Stone for the sake of the souls of the slain birds sailing.

Degli uccelli sviati di cui Dio, pei loro petti di
    gorgheggi,
Abbia misericordia,
Nel suo turbinoso silenzio Dio li salvi, che annota il
    saluto dei passeri,
Per la canzone delle loro anime.
Ora l'airone piange sul bordo ripieno d'erbacce.
    Attraverso finestre
Di crepuscolo e d'acqua vedo l'airone

Mormorante e inclinato, specchiandosi, andare
Mentre le piume nevicano strappate, pescando
Nella lacrima del Towy. Solo uno stridulo gufo
Gufola, un filo d'erba soffiato nelle mani a conca, negli
    olmi saccheggiati,
E nessun gallo verde, nessuna gallina
Grida
Ora sulla collina di Sir John. L'airone, immerse le
    caviglie agli squamosi
Solchi dell'onde,
Ogni musica forma; e io che odo il motivo del lento
Fiume desolato di salici [6], incido [7],
Prima del tuffo della notte, le note sulla pietra
Scossa dal tempo: per l'amore dell'anime vaganti degli
    uccelli uccisi.

In the white giant's thigh

Through throats where many rivers meet, the curlews
        cry,
Under the conceiving moon, on the ligh chalk hill,
And there this night I walk in the white giant's thigh
Where barren as boulders women lie longing still

To labour and love though they day down long ago.

Through throats where many rivers meet, the woman
        pray,
Pleading in the waded bay for the seed to flow
Though the names on their weed grown stones are
        rained away,

And alone in the night's eternal, curving act
They yearn with tongues of curlews for the
        unconceived
And immemorial sons of the cudgelling, hacked

Hill. Who once in gooseskin winter loved all ice leaved
In the courters' lanes, or twined in the ox roasting sun
In the wains tonned so high that the wisps of the hay
Clung to the pitching clouds, or gay with any one
Young as they in the after milking moonlight lay

Nella coscia del gigante bianco [1]

Per gole dove molti fiumi convergono, i chiurli gemono
Sotto la luna che si sgrava, sull'alta collina di gesso,
E io là stanotte cammino nella coscia del gigante
    bianco
Dove donne infeconde come ciottoli si giacciono
    ancora, bramando

Le doglie e l'amore, sebbene da tempo siano là distese.

Per gole dove molti fiumi convergono, le donne
    pregano,
Nella baia guadata implorando affinché il seme scorra
Sebbene i loro nomi sulle lapidi invase dalle erbacce
    siano stati slavati dalla pioggia,

E nell'eterno atto curvante della notte, solitarie,
Con lingue di chiurlo esse agognino i non concepiti
E immemorabili figli dello scalfito colle che randella.

Quelle che un tempo nell'inverno a pelle-d'oca amarono
Tutte fogliute di ghiaccio nei viottoli degli innamorati,
    o intrecciate
Nel sole arrosta-bovi nei carretti ammassati così in alto
    che i ciuffi del fieno
S'aggrappavano a nuvole radenti, o allegre con
    chiunque che
Giovane come loro al chiar di luna dopo la mungitura
    si stendeva

139

Under the lighted shapes of faith and their moonshade
Petticoats galed high, or shy with the rough riding
  boys,
Now clasp me to their grains in the gigantic glade,
Who once, green countries since, were a hedgerow of
  joys.

Time by, their dust was flesh the swineherd rooted sly,
Flared in the reek of the wiving sty with the rush
Light of his thighs, spreadeagle to the dunghill sky,
Or with their orchard man in the core of the sun's bush
Rough as cows' tongues and thrashed with brambles
  their buttermilk
Manes, under his quenchless summer barbed gold to
  the bone,
Or rippling soft in the spinney moon as the silk
And ducked and draked white lake that harps to a hail
  stone.

Who once were a bloom of wayside brides in the hawed
  house
And heard the lewd, wooed field flow to the coming
  frost,
The scurrying, furred small friars squeal, in the dowse
Of day, in the thistle aisles, till the white owl crossed

Sotto le forme illuminate della fede e le loro sottane
    d'ombra-luna
Alte arricciate dal vento, o ritrose coi rozzi ragazzi in
    cerca d'avventura,
Ora mi stringono alle loro vene nella radura immensa,
Quelle che un tempo, e da allora verdi campagne,
    furono siepi di gioie.

La loro polvere un tempo era carne che l'astuto porcaro
    grufolava,
Nel lezzo del porcile ruffiano illuminata dal moccolo
Rustico delle sue cosce spalancate come aquila aperta
    al cielo-letamaio,
O col loro ortolano nel torsolo del cespuglio solare
Ruvido come lingua di vacche, e sferzate da rovi le loro
    criniere
Sierose di latte, sotto la sua inestinguibile estate
    spinata d'oro fino all'osso,
O increspandosi lieve nella luna a boschetto come il
    serico
Lago bianco turbato da sassi a rimbalzello che a un
    chicco di grandine arpeggia.

Quelle che un tempo erano un boccio di spose novelle
    nella casa recinta al fianco della strada
E udirono il campo lascivo e corteggiato scorrere al
    gelo che viene,
I piccoli frati impellicciati che corrono a passetti
    stridere, allo spegnersi
Del giorno, nelle arcate dei cardi, finché il gufo bianco
    tracciò un segno di croce

Their breast, the vaulting does roister, the horned
    bucks climb
Quick in the wood at love, where a torch of foxes
    foams,
All birds and beasts of the linked night uproar and
    chime

And the mole snout blunt under his pilgrimage of
    domes,
Or, butter fat goosegirls, bounced in a gambo bed,
Their breasts full of honey, under their gander king
Trounced by his wings in the hissing shippen, long
    dead

And gone that barley dark where their clogs danced in
    the spring,
And their firefly hairpins flew, and the ricks ran round –

(But nothing bore, no mouthing babe to the veined
    hives
Hugged, and barren and bare on Mother Goose's
    ground
They with the simple Jacks were a boulder of wives) –

Now curlew cry me down to kiss the mouths of their
    dust.

The dust of their kettles and clocks swings to and fro
Where the hay rides now or the bracken kitchens rust
As the arc of the billhooks that flashed the hedges low

Sui loro petti, e le cerbiatte schiamazzare balzando, i
cervi ramati di corna arrampicarsi
Veloci nel bosco all'amore, dove schiuma una torcia di
volpi,
Tutti gli uccelli e le bestie della notte allacciata
squillare e frastornare

E il muso della talpa smussarsi sotto il suo
pellegrinaggio di cupole,
O quelle che burrose guardiane di oche sobbalzavano
nel letto di un carro contadino
Con le mammelle rigonfie di miele sotto il loro re
papero, sferzate
Dalle sue ali nel chiuso sibilante, da lungo tempo morto
e perduto

Quel buio d'orzo dove i loro zoccoli a primavera
danzavano, e volavano
Le loro forcelle di lucciola, e i covoni correvano in
tondo –

(Ma nulla generarono, nessun bimbo succhiava, stretto
ai venati alveari,
E sterili e nude sul terreno di Mamma Oca [2] non erano
Coi loro ingenui bertoldi [3] altro che un masso di mogli).

Ora tu chiurlo invitami a baciare le bocche della loro
polvere.

La polvere dei loro bricchi e delle loro pendole dondola
avanti e indietro
Dove ora il fieno galoppa o le cucine arrugginiscono
coperte di gramigna
Come l'arco dei falcetti che con un lampo tagliarono le
siepi. E recisero i rami

And cut the birds' boughs that the minstrel sap ran red.
They from houses where the harvest kneels, hold me
    hard,
Who heard the tall bell sail down the Sundays of the
    dead
And the rain wring out its tongues on the faded yard,
Teach me the love that is evergreen after the fall leaved
Grave, after Belovéd on the grass gulfed cross is
    scrubbed
Off by the sun and Daughters no longer grieved
Save by their long desires in the fox cubbed
Streets or hungering in the crumbled wood: to these
Hale dead and deathless do the women of the hill
Love for ever meridian through the courters' trees

And the daughters of darkness flame like Fawkes fires
    still.

Degli uccelli dove la linfa menestrella scorreva
   porpurea.
Da case dove la messe si inginocchia, mi tengono
   stretto
Quelle che udirono l'alta campana veleggiare le
   Domeniche dei morti
E la pioggia spremere le sue lingue sul cortile sbiadito,
Mi insegnano l'amore che è sempreverde dopo la tomba
   fogliuta d'autunno,
Dopo che Diletta sulla croce ingolfata d'erba è raschiata
Dal sole e Figlie non sono ormai più addolorate
Se non dai loro lunghi desideri nelle strade dei
   volpacchiotti
O affamate nel bosco sbriciolato: a questi sani
Morti e immortali le donne della collina dispensano
Amore eternamente meridiano attraverso gli alberi
   degli spasimanti

E le figlie della tenebra fiammeggiano ancora come
   fuochi di Fawkes [4].

Note ai testi

Poesia 39

[1] Proviene da un taccuino (« Questo libro è stato iniziato il 1 febbraio 1933 ») che contiene manoscritte 53 poesie, tutte datate, scritte fino all'agosto dello stesso anno. La n. 39 è datata *July '33*, e presenta pochissime varianti. Cfr. *Poet in the Making: The Notebooks of Dylan Thomas*, edited by Ralph Maud, J.M. Dent & Sons, London, 1968. Non fu raccolta dal poeta nelle sue *Collected Poems* del 1952, e neppure nell'ampia scelta aggiuntiva *Dylan Thomas, The Poems*, edited by Daniel Jones, J.M. Dent & Sons, London, 1971.

Quando infine le chiuse del crepuscolo

[1] Manoscritta in un taccuino che contiene 41 poesie composte fra l'agosto 1933 e l'aprile 1934, porta il n. 29 e la data 11 novembre 1933. Thomas ne accenna in una lettera dello stesso mese a Pamela Hansford Johnson (« molto probabilmente non ti piacerà, ma il solo 'cancro' citato, onestamente, *è* necessario »). Una versione del testo riveduta apparve in « New Verse » nel giugno 1934, poi in *18 Poems* (1934), e con piccoli ritocchi in *Collected Poems* (1952). Questa è la versione definitiva. Per le revisioni intermedie cfr. R. Maud (*cit.*).

Prima che io bussassi

[1] Indicata come poesia n. 7 nel *Notebook* iniziato nell'agosto 1933, datata 6 settembre (cfr. R. Maud, *cit.*), fu inviata a Pamela Hansford Johnson con la convinzione che non le sarebbe piaciuta. Il poeta la definisce « la poesia di Gesù » e aggiunge che forse sarebbe stata pubblicata in « Criterion », anche se (ed è

una curiosa osservazione) ritiene che la rivista di Eliot non pubblichi in genere « poesia metafisica ». In effetti apparve la prima volta in *18 Poems*, con il taglio di due stanze e alcune varianti. Thomas la giudicava importante.

[2] *Mnetha* è un personaggio del *Tiriel* di William Blake.

La forza che attraverso il verde càlamo sospinge il fiore

[1] Porta il n. 23 in un taccuino con data 12 ottobre 1933. Fu pubblicata in *18 Poems*, 1934. Come il poeta stesso ammette, « sono nel sentiero di Blake ».

[2] *Shroud sail*: cfr. la nota data da Carlo Izzo a questo proposito nella sua *Antologia della Poesia Inglese Contemporanea*, Guanda, Parma, 1950. A pag. 578 egli dice: « Il poeta, forse, gioca in questo luogo con il doppio significato della parola *shroud*, che, soprattutto al plurale, sta ad indicare alcune sartie della nave, e significa anche *sudario* ».

[3] *How of my clay is made the hangman's lime*: evidente unione a contrasto di due materie simboleggianti la vita (l'argilla è materia natale, essendo stata usata da Dio per la creazione dell'uomo) e la morte (la calce è la materia che brucia i cadaveri).

Specialmente se il vento d'ottobre

[1] È possibile che si tratti di una delle prime poesie scritte da Thomas pensando al suo compleanno, composta forse nel novembre del 1932, ed è collegabile a *Poem in October* (cfr. trad. it. in D. Thomas, *Poesie*, a cura di R. Sanesi, Guanda, Parma, 1954) e a *Poem on his birthday* (cfr. trad. it. in D. Thomas, *Poesie*, Guanda, rist. 1976).

[2] Per *walking, like the trees* (« in cammino come gli alberi ») cfr. *Vangelo di S. Marco*, VIII, 24: « Ed esso, levati gli occhi in su, disse: Io veggo camminar gli uomini, che paiono alberi ».

Dove non splende sole luce penetra

[1] Poesia n. 30 del *Notebook*, datata 20 novembre '33, pubblicata in « The Listener » del 14 marzo 1934, « molto oscura » secondo Thomas (in una lettera a Glyn Jones), e invece tanto « esplicita » se si considerano certe reazioni per la sua « disgustosa oscenità » che si ebbero al momento dell'apparizione. Il testo, in particolare per la terza stanza, fu interpretato come evidente allusione a un orgasmo maschile. Cosa che non si esclude malgrado l'annotazione di Thomas che si trattava solo di una « immagine metafisica di pioggia e dolore ». È ovvio che tutto dovrà essere letto come metafora. (Cfr. R. Sanesi, *Light breaks*, *Note preliminari a una traduzione*, in L. Guerra, T. Kemeny, cit., Atti del Convegno su Dylan Thomas, Università di Pavia, febbraio 1994).

Questo pane che spezzo

[1] Una prima versione del testo porta il n. 33 in un taccuino del 1933, e la data 24 dicembre. Fu pubblicata in « New English Weekly » il 16 luglio 1936 in versione riveduta. Un frammento precedente della stessa poesia portava il titolo *Breakfast before Execution*, avvalorando, con il periodo natalizio della composizione, le allusioni per altro ovvie all'Ultima Cena.

Nelle piccole torri orecchi odono

[1] Poesia n. 47 nel taccuino iniziato nel febbraio 1933, datata 17 luglio, pubblicata (senza la seconda stanza) in « John O'London Weekly » del 5 maggio 1934. Per l'idea di isolamento che attraversa il testo, si può vedere utilmente l'opinione del poeta nella sua prima lettera a Vernon Watkins, 20 aprile 1936: « vivere fra le quattro mura del proprio mondo personale non è un modo di evasione... non è la Torre d'Avorio, e, anche se fosse, ritirato nella tua Torre puoi conoscere e imparare del mondo esterno più di chi sta fuori ». (Cfr. D. Thomas, *Lettere a Vernon*

Watkins, Il Saggiatore, Milano, 1968, a cura di Ariodante Marianni.)

La mano che firmò il trattato

[1] Prima poesia del taccuino iniziato nell'agosto 1933 (e dedicata a A.E.T., cioè Bert Trick, membro del partito laburista – dedica scomparsa nella versione definitiva), datata 17 agosto, pubblicata in «New Verse» nel dicembre 1935. È considerata «la sola poesia politica di Thomas», e sicuramente è un atto d'accusa contro ogni tirannia. Ma sull'atteggiamento del poeta sul senso «politico» del testo, e non solo, si veda una lettera a Henry Treece del 6 (o 7) luglio 1938: «Presumo di essere, in senso lato (in quanto contrapposto ai pensatori irreggimentati e ai poeti in uniforme) antisociale, ma sono estremamente socievole», ecc. La risposta, assai articolata e brillante, precisa un'avversione per le dichiarazioni dirette, o «impegnate», ma riafferma una precisa consapevolezza sociale. (Cfr. D. Thomas, *Ritratto del poeta attraverso le lettere*, Einaudi, Torino, 1970).

E morte non avrà dominio

[1] È la n. 23 del taccuino iniziato nel febbraio 1933, e porta la data aprile '33. Fu pubblicata in «New English Weekly» il 18 maggio dello stesso anno. Sappiamo da una lettera a Vernon Watkins che il poeta non ne era soddisfatto. Modificata, fu inviata all'editore perché fosse inclusa nella raccolta *Twenty-five poems* (1936).

Come un altare in luce di civetta

[1] Si suppone che i dieci sonetti siano stati composti nel corso di un anno: fra la fine del 1934 e il Natale 1935. I primi due erano conclusi nel febbraio 1935. I primi sette apparvero insieme in «Life and Letters Today», dic. '35, come *Poems for a poem*. Il sonetto VIII fu pubblicato in «Contemporary Poetry and Prose», maggio 1936, e sul numero di luglio il IX e il X.

² *Half-way house*: simboleggia ora il grembo, ora lo stato dell'umanità che si trova fra Dio e gli abissi infernali.

³ *Abaddon*: cfr. *La Sacra Bibbia*, trad. Giovanni Diodati, *Apocalisse* IX, 1, pag. 999: « E aveano per re sopra loro l'angelo dell'abisso, il cui nome in Ebreo è Abaddon, ed in Greco Apollion ».

⁴ *Jaw for news*: è senza dubbio una variazione di *nose for news*, frase idiomatica che sta a significare « che ha fiuto nello scoprire qualcosa ». Letteralmente « naso per notizie ».

⁵ *Mandrake*: è la mandragora, pianta dalla radice dura e a forma di mano, che si diceva avesse straordinari poteri, fra cui non ultimo quello afrodisiaco. Si diceva anche che gettasse alte grida quando veniva strappata. Si ritrova spesso nelle leggende nordiche, e lo scrittore romantico Achim von Arnim la introduce in *Isabella von Aegypten oder Kaisers Karl fünfte erste Liebe*, romanzo breve pubblicato nel 1819. Al seguito di Isabella è Cornelius, magico essere nato appunto dalla mandragora sotto forma di nano, che assume prima simbolo di lussuria e poi di potere sfrenato.

⁶ *Half-way winds*: in rapporto alla nota n. 2 di questa stessa poesia, sembrerebbero essere i venti che soffiano l'anima incerta nello spazio fra la morte e il risveglio presso Dio.

⁷⁻⁸ *The horizontal cross-bones of Abaddon – the verticals of Adam*: probabili immagini falliche e di morte.

⁹ *Lamb*: si accenna senza dubbio all'Agnello Pasquale.

¹⁰ *Rip Van Winkle*: personaggio principale di una novella di Washington Irving. Lo si ritrova in un gruppo di poesie di Melville (Cfr. Ed. Constable, vol. XVI, lirica dal titolo *Rip Van Winkle's Lilac*), in *The Bridge* di Hart Crane e persino in un poemetto recente di Janette Michael Haien (*Rip Van Winkle's Dream*, Doubleday and Co. Inc., New York, 1947). Assume probabilmente il simbolo dell'uomo che non ritrova se stesso in accordo con la società attuale, ed è sempre nella posizione di chi torna al proprio paese o alla propria coscienza dopo un profondo sonno.

¹¹ *Ishmael*: oltre che ricordato nella Bibbia (Cfr. *Genesi*, XVI, 12) Ismaele è il personaggio principale del *Moby Dick* di Herman Melville.

¹² *Jonah's Moby*: allude alla balena di Giona (Cfr. *La Sacra Bibbia*, *Giona*, II, 1, trad. G. Diodati: « Or il Signore avea prepa-

rato un gran pesce, per inghiottir Giona; e Giona fu nelle inte-
riora del pesce per tre giorni e tre notti »), ma usa per « balena »
il nome della leggendaria balena bianca Moby Dick del romanzo
di Melville.

[13] *Time's nerve*: pare evidente si debba intendere sotto questo
appellativo la figura del Cristo come punto sensibile di tutta la
storia.

[14] *Bird-papped*: suggerisce l'idea della colomba come simbo-
lo di purezza. Traduco per questo con « seni di colomba ».

[15] *With pins for teardrops*: « con spilli per gocce di lacrime ».
Oltre che un'abbastanza comune immagine poetica mi ricorda
alcuni quadri di Picasso.

[16] *Jack Christ*: espressione che sta a significare come il Cri-
sto, la vittima, sia in ognuno di noi. *Jack* è nome molto comune,
che viene usato per indicare una persona qualunque. Traduco
con « Cristognuno », poiché mi sembra che una versione lettera-
le apparirebbe in italiano priva di senso.

[17] *Three-coloured rainbow*: Francis Scarfe, a cui si deve tor-
nare per tutto il tentativo di comprendere il sonetto ottavo di
questa poesia, ritiene si tratti di una specie di nuovo patto stipu-
lato dalla Trinità, e rimanda – per altro senza indicazione preci-
sa – a Milton.

[18] *Blowclock*: lo si può intendere, forse, come il corpo senza
vita di Cristo. Per un tentativo di interpretazione più diffuso cfr.
per esempio il mio *Dylan Thomas* (Lerici, Milano, 1960, e rist.).

Una rinuncia a piangere la morte...

[1] Il testo fu inviato a Vernon Watkins il 28 marzo 1945, e fu
pubblicato in « New Republic » il 14 maggio dello stesso anno.

[2] L'ultimo verso, *After the first death, there is no other*, è in ge-
nere spiegato come riferimento ad *Apocalisse*, XXI, 8: « Ma,
quant'è a' timidi, ed agl'increduli, e a' peccatori, ed agli abbomi-
nevoli, e a' micidiali, e a' fornicatori, e a' maliosi, ed agli idolatri
e a tutti i mendaci, la parte loro *sarà* nello stagno ardente di fuo-
co e di zolfo, che è la morte seconda ». Ammesso che possa esse-
re di qualche utilità critica, « dopo la prima morte non ne guste-
ranno un'altra » è detto anche nel Corano, XLIV, 56.

Amore in manicomio

[1] Si presume composta fra gennaio e febbraio del 1941 e inviata a « Poetry (London) », dove uscì nel numero di maggio-giugno. Scritta quasi sicuramente pensando alla moglie Caitlin, il senso di « pazzia » è scherzosamente affettuoso: « c'è una specie di dolce pazzia fra te e me ».

Nel mio mestiere, ovvero arte scontrosa

[1] Fu inserita in *Deaths and Entrances* mentre il poeta stava correggendo le bozze della raccolta. In una lettera del 18 settembre 1945 Thomas informa l'editore di avere tolto la poesia che si trovava a pag. 36 (non sappiamo quale fosse) e di averla sostituita con *In my craft*, che si suppone appena scritta.

Visione e preghiera

[1] È probabile che Thomas abbia cominciato a scriverla in occasione della nascita del figlio Llewelyn, avvenuta il 30 gennaio 1939. Rimase a lungo incompiuta, e finalmente inviata a Vernon Watkins con una lettera del 28 ottobre 1944. Fu pubblicata in « Horizon », gennaio 1945, e « Sewanee Review », estate 1945. Che io sappia, il poeta non ha mai commentato il « disegno » del testo che tuttavia proviene dalla poesia figurata greca (Simia di Rodi in particolare) e da George Herbert.

Ballata dell'esca dalle gambe lunghe

[1] Fu scritta, secondo una testimonianza di Vernon Watkins, fra il gennaio e l'aprile del 1941. Thomas si limitò a spiegare la ballata con queste parole: « un giovane se ne va a pescare esperienze sessuali e le sole cose che riesce a tirar su sono una famiglia, la chiesa, e il prato del villaggio ».

[2] *Sussanah*: si riferisce a Susanna (Cfr. *Daniele*, XIII, 1 e seg.). Il nome è qui deformato per ragioni di suono. Potrebbe stare a significare la vittima innocente condannata al sacrificio.

L'idea dei tre vecchi è suggerita anche dall'aggettivo « barbuta » legato alla corrente marina.

[3] *Sheba*: la regina di Saba (Cfr. *La Sacra Bibbia*, *Libro I dei Re*, X e segg.). La si ritrova anche nel Corano, cap. XXVII.

[4] *Sin*: nell'interpretazione di un poeta, soprattutto se di lingua diversa, c'è sempre il pericolo di andare oltre ciò che egli ha inteso dire, ma anche se il significato di *sin* è qui indubbiamente di « peccato » non è improbabile che Thomas, come è accaduto a me, abbia avuto in mente che Sin è anche il dio babilonese della luna. Incontrandolo fra i nomi di Sussanah, Sheba, Lucifero, Venere, e per di più con la lettera iniziale maiuscola (a parte che questo era necessario a capo verso), mi è stato difficile non pensarvi. Ma non si può nemmeno escludere Milton, *Paradise Lost*.

[5] *And the hawk in the egg kills the wren*: l'uccisione dello scricciolo è segno di malaugurio secondo la credenza di molti popoli, che eleggono il piccolo uccello come re dei suoi simili. Non è improbabile che Thomas conoscesse l'esistenza di questo culto, che anche J.G. Frazer, in *The golden bough*, riporta abbastanza ampiamente, rendendoci note anche alcune cantilene che in occasione di riti speciali vengono cantate soprattutto nell'isola di Man e in Irlanda. Se ne ritrovano accenni anche nel capitolo sugli uccelli nel *Finnegans Wake* di J. Joyce. D'altra parte non è difficile collegare questo verso con quello precedente, dato che anche la quercia è albero soggetto a culti speciali dello stesso significato.

[6] *O Rome and Sodom To-morrow and London*: il verso ricorda il seguente passaggio riscontrabile in *The Waste Land* di T.S. Eliot: « Falling towers / Jerusalem Athens Alexandria / Vienna London ».

Il colle delle felci

[1] Come *In my craft* (cfr. nota), fu inclusa all'ultimo momento nella raccolta *Death and Entrances*: « è una parte *essenziale* del sentimento e del significato del libro nel suo complesso ». Definita « una poesia per sere e lacrime », fu composta nel settembre 1945. *Fern hill* è il nome di una fattoria che era appartenuta agli zii di Thomas, ed è citata più volte nei suoi scritti.

Sulla collina di Sir John

[1] È la prima poesia scritta da Thomas alla Boat House a Laugharne. Il testo fu concluso poco prima che il poeta lo inviasse a « Botteghe Oscure » con una lettera datata 6 agosto 1949: « ho finito solo questa settimana la poesia che accludo ».

[2] *Towy*: fiume del Galles meridionale. Nasce presso Tregaron Hill, nel nord-est del Cardiganshire, e sbocca nella baia di Carmarthen.

[3] *Dab*: pesce piatto europeo, il cui nome linneano è *Limanda Limanda*.

[4] *Dilly dilly*: espressione usata in Inghilterra per richiamare le oche.

[5] *Cobbles*: uccelli marini che si posano sulle onde e lanciano un grido somigliante ad una folle risata, per cui gli inglesi e gli americani li chiamano *loon birds*, o « uccelli sciocchi ». Il loro nome linneano è *Gavia Immer*. *Cobbles*, però, significa anche « ciottoli ».

[6] *Wear-willow*: tolgo dal Webster la seguente spiegazione della frase « portare il salice »: « The willow is often used as an emblem of sorrow, desolation, or desertion. Hence, a lover forsaken by, or having lost the person beloved, is said to wear the willow ». (« Il salice viene usato spesso come simbolo d'afflizione, desolazione, o abbandono. Per questo, un amante abbandonato, o che ha perduto la persona amata, si dice che porta il salice. ») Traducendo con « desolato di salici » tento di lasciare in italiano il senso doloroso del significato originale senza perderne l'immagine poetica.

[7] *Grave*: si noti il triplice significato di questa parola: « incido » (verbo), « tomba » (sostantivo), e « grave » (aggettivo).

Nella coscia del gigante bianco

[1] Thomas lavorò a questa poesia dall'autunno del 1949 all'estate del 1950, quando, dopo numerose modifiche, la spedì a « Botteghe Oscure » con la speranza che un giorno o l'altro avrebbe trovato la sua collocazione in un poemetto che avrebbe dovuto avere per titolo *In Country Heaven*.

È probabile che il titolo si riferisca non solo alla configurazione fisica di qualche paesaggio, ma anche (questo almeno mi ha suggerito l'immagine del « gigante bianco » e della « collina di gesso ») a quelle enormi figure d'età sconosciuta incise appunto nelle colline di gesso, e quindi dal contorno bianco quando non completamente bianche al loro interno, che si trovano in alcune regioni dell'Inghilterra – Sussex, Dorset e Wiltshire – e che raffigurano cavalli e uomini. Ricordo soprattutto il cosiddetto *Long man of Wilmington*, grande figura simboleggiante con molta probabilità il dio del Sole che apre la porta delle tenebre, e il *Mighty Giant of Cerne Abbas*, che tiene nella mano destra una grande clava e che potrebbe essere Ercole. Credo che Thomas, inoltre, vi raffiguri un simbolico ritorno agli avi antichi della razza.

Si veda, per una più estesa interpretazione, il mio saggio dallo stesso titolo ripubblicato in *La valle della visione* (Garzanti, Milano, 1985).

[2] *Mother Goose*: personaggio fiabesco che si ritrova (a parte Perrault) in molte *nonsense rhymes* inglesi per bambini fra le quali è famosa la *Mother Goose's Melody* che si presume sia stata raccolta da Oliver Goldsmith.

[3] *Jacks*: Jack è un altro personaggio fiabesco della stessa specie. Lo si ritrova in *Lilliput Levee* di William Brighty Rands (cfr. *A book of Nonsense*, J. M. Dent & Sons, London, 1927). Penso anzi che si tratti proprio di questo: la poesia *Stalky Jack* dice di lui che « To the Giant's Country he lost his way ». (« Nel Paese del Gigante egli perse la sua via. ») *Jack* significa anche persona comune, di poca importanza, per cui traduco con « bertoldi » anche se può sembrare un po' azzardato.

[4] *Like Fawkes fires*: Guy Fawkes è il più noto personaggio della Congiura delle Polveri, che fu organizzata a Londra per il 5 Novembre 1605 con lo scopo di far saltare il Parlamento. Fawkes avrebbe dovuto accendere la miccia, ma fu arrestato e suppliziato. Da allora in Inghilterra si celebra annualmente la ricorrenza con una festa durante la quale i ragazzi costruiscono fantocci di paglia a cui danno poi fuoco. Ciò è ricordato anche da T.S. Eliot in *The Hollow Men*: l'autore introduce la poesia con la frase « A penny for the Old Guy », frase che i ragazzi dicono nel chiedere l'offerta, nelle strade, per costruire i fantocci di paglia.

Indice

1. Prévert, *Amori*. Introd. e commento di R. Paris (7ª ediz.)
2. Tagore, *Scintille*. Introd. e commento di G. Conte, trad. di M. Rigon (3ª ediz.)
3. Valéry, *Il cimitero marino e altre poesie*. Introd. di V. Magrelli, trad. di G. Pontiggia
4. Hesse, *Poesie del pellegrinaggio*. Introd. e commento di L. Novati, trad. di T. Prina (3ª ediz.)
5. Lorca, *Poesie andaluse*. A cura di O. Macrì (3ª ediz.)
6. Thomas, *Poesie*. A cura di R. Sanesi (4ª ediz.)
7. Tagore, *Canto d'infanzia*. Introd. e trad. di M. Rigon, commento di L. Santoro Ragaini (2ª ediz.)
8. Apollinaire, *Bestiario*. A cura di G. Raboni, con le incisioni di R. Dufy
9. Bachmann, *Poesie scelte*. A cura di M.T. Mandalari
10. Caproni, *Poesie*. Introd. di P. Citati, a cura di M. Santagostini (3ª ediz.)
11. Bertolucci, *Poesie scelte*. A cura di G. Pontiggia
12. Pasolini, *Poesie scelte*. A cura di N. Naldini e F. Zambon (3ª ediz.)
13. Luzi, *Poesie*. A cura di M. Santagostini
14. Montale, *Poesie scelte (1920-1970)*. A cura di M. Cucchi (2ª ediz.)
15. Lorca, *Poesie d'amore*. A cura di P. Menarini (2ª ediz.)
16. Auden, *Grazie nebbia*. A cura di A. Ciliberti
17. Heaney, *Una porta sul buio*. A cura di R. Mussapi
18. Prévert, *Parole*. Introd. di G. Conte, trad. di R. Cortiana, M. Cucchi e G. Raboni
19. Prévert, *Sole di notte*. Introd. di G. Raboni, a cura di V. Lamarque
20. Mallarmé, *Sonetti*. A cura di C. Ortesta
21. Campana, *Opere*. A cura di S. Vassalli e C. Fini
22. Penna, *Poesie scelte*. A cura di N. Naldini